Eugen Roth
Sämtliche Menschen

Ein Mensch
Mensch und Unmensch
Der letzte Mensch

Carl Hanser Verlag

10 11 12 13 14 15   97 96 95 94

ISBN 3-446-13811-0
Alle Rechte vorbehalten
© 1983 Carl Hanser Verlag München Wien
Umschlag: R. Susanne Berner
Druck und Bindung: Welsermühl, Wels
Printed in Austria

Ein Mensch

Ein Mensch erblickt das Licht der Welt –
Doch oft hat sich herausgestellt
Nach manchem trüb verbrachten Jahr,
Daß dies der einzige Lichtblick war.

ABENTEUER
UND EULENSPIEGELEIEN

DER OFEN

Ein Mensch, der einen Ofen hat,
Zerknüllt ein altes Zeitungsblatt,
Steckt es hinein und schichtet stolz
Und kunstgerecht darauf das Holz
Und glaubt, indem er das entzündet,
Die Hoffnung sei nicht unbegründet,
Daß nun mit prasselndem Gelärme
Das Holz verbrenne und ihn wärme.
Er denkt mit Kohlen nicht zu geizen,
Kurzum, sich gründlich einzuheizen.
Jedoch, aus seines Ofens Bauch
Quillt nichts als beizend kalter Rauch.
Der Mensch, von Wesensart geduldig,
Hält sich allein für daran schuldig
Und macht es nun noch kunstgerechter.
Der Ofen zieht nur um so schlechter,
Speit Rauch und Funken wild wie Fafner.
Nun holt der Mensch sich einen Hafner.
Der Hafner redet lang und klug
Von Politik und falschem Zug,
Vom Wetter und vom rechten Roste
Und sagt, daß es fünf Reichsmark koste.
Der Mensch ist nun ganz überzeugt,
Dem Ofen, fachgemäß beäugt
Und durchaus einwandfrei befunden,
Sei jetzt die Bosheit unterbunden.
Um zu verstehn des Menschen Zorn,
Lies dies Gedicht nochmal von vorn.

HILFLOSIGKEITEN

Ein Mensch, voll Drang, daß er sich schneuzt,
Sieht diese Absicht schnöd durchkreuzt:
Er stellt es fest mit raschem Fluch,
Daß er vergaß sein Taschentuch.
Indessen sind Naturgewalten,
Wie Niesen, oft nicht aufzuhalten.
Und während nach dem Tuch er angelt,
Ob es ihm wirklich völlig mangelt,
Beschließt die Nase, reizgepeinigt,
Brutal, daß sie sich selber reinigt.
Der Mensch steht da mit leeren Händen...
Wir wollen uns beiseite wenden,
Denn es gibt Dinge, welche peinlich
Für jeden Menschen, so er reinlich.
Wir wollen keinen drum verachten,
Jedoch erst wieder ihn betrachten,
Wenn er sich (wie, muß man nicht wissen)
Dem Allzumenschlichen entrissen.

BESORGUNGEN

Ein Mensch geht eines Vormittages,
Gewärtig keines Schicksalsschlages,
Geschäftig durch die große Stadt,
Wo viel er zu besorgen hat.
Doch schon trifft ihn der erste Streich:
Ein Türschild tröstet: »Komme gleich!«
Gleich ist ein sehr verschwommnes Wort,
Der Mensch geht deshalb wieder fort,
Zum zweiten Ziele zu gelangen:
»Vor fünf Minuten weggegangen...«
Beim dritten hat er auch kein Glück:
»Kommt in acht Tagen erst zurück!«
Beim vierten heißts, nach langem Lauern:
»Der Herr Direktor läßt bedauern...«
Ein überfülltes Wartezimmer
Beim fünften raubt den Hoffnungsschimmer.
Beim sechsten stellt es sich heraus:
Er ließ ein Dokument zu Haus.
Nun kommt der siebte an die Reih:
»Geschlossen zwischen zwölf und zwei!«
Der Mensch, von Wut erfüllt zum Bersten,
Beginnt nun noch einmal beim ersten.
Da werden ihm die Kniee weich:
Dort steht noch immer: »Komme gleich!«

Der Gast

Ein Mensch, der frömmste auf der Welt,
Hat sich im Gasthaus was bestellt
Und sitzt nun da, ganz guter Dinge,
Gewärtig, daß man es ihm bringe.
Er schaut in stiller Seelenruh
Der Emsigkeit des Kellners zu,
Des wackern Mannes, des verlässigen,
Der furchtlos bändigt die Gefräßigen.
Doch bald, von leichtem Zorn gerötet,
Der Mensch ein leises »Bitte« flötet,
Das leider ungehört verhallt,
Weshalb mit höherer Stimmgewalt
Und auch im Tone etwas grober
Der Mensch vernehmlich schreit: »Herr Ober!«
Auch dieser Ruf bleibt unerfüllt,
So daß der Mensch jetzt »Kellner!« brüllt.
Der Kellner, den dies Wort wie Gift
Ins Herz der Ober-Ehre trifft,
Tut, was ein standsbewußter Mann
Nur tun in solchen Fällen kann:
Er überhört es mild und heiter
Und schert sich um den Gast nicht weiter.
Der Mensch, gereizt zwar, aber feige,
Hält für geraten, daß er schweige.
Das Essen kommt, der Mensch vergißt.
Sagt höflich: »Danke sehr!« – und ißt.

DIE GUTEN BEKANNTEN

Ein Mensch begegnet einem zweiten.
Sie wechseln Förm- und Herzlichkeiten,
Sie zeigen Wiedersehensglück
Und gehn zusammen gar ein Stück.
Und während sie die Stadt durchwandern,
Sucht einer heimlich von dem andern
Mit ungeheurer Hinterlist
Herauszubringen, wer er ist.
Daß sie sich kennen, das steht fest,
Doch äußerst dunkel bleibt der Rest.
Das Wo und Wann, das Wie und Wer,
Das wissen alle zwei nicht mehr.
Doch sind sie, als sie nun sich trennen,
Zu feig, die Wahrheit zu bekennen.
Sie freun sich, daß sie sich getroffen;
Jedoch im Herzen beide hoffen,
Indes sie ihren Abschied segnen,
Einander nie mehr zu begegnen.

Richtig und falsch

Ein Mensch trifft einen in der Stadt,
Der, ihn zu treffen, Freude hat
Und ihm zum Gruße unbekümmert
Die linke Schulter halb zertrümmert.
»Na, herrlich!« ruft er, »alter Knabe,
Gut, daß ich dich getroffen habe.
Ich wette, du läßt dich nicht lumpen,
Mir eine Kleinigkeit zu pumpen,
Fünf Mark bis morgen oder zehn.
Recht vielen Dank, auf Wiedersehn!«
Der Mensch ist noch im ungewissen,
Wieso man ihm zehn Mark entrissen,
Als schon ein zweiter ihm begegnet,
Der diesen Zufall grad so segnet.
Mit Seufzen hebt er an die Klage
Von der zur Zeit sehr schlimmen Lage,
Und zwar a) von der allgemeinen,
b) insbesondere von der seinen.
Der Mensch, indes der andere stammelt,
Sich still die Abwehrkräfte sammelt
Zur Rede, welche mild gedämpft
Des andern Absicht niederkämpft.
Moral: Von Wert ist nur der rasche
Zugriff auf deines Nächsten Tasche.

Voreilige Grobheit

Ein Mensch, der einen Brief geschrieben,
Ist ohne Antwort drauf geblieben
Und fängt nun, etwa nach vier Wochen,
Vor Wut erheblich an zu kochen.
Er schreibt, obgleich er viel verscherzt,
Noch einen Brief, der sehr beherzt,
Ja, man kann sagen voller Kraft,
Ganz ehrlich: äußerst flegelhaft!
Nun nimmt das Schicksal seinen Lauf.
Denn diesen Brief gibt er auch auf!
Die Post wird pünktlich ihn besorgen –
Doch siehe da, am nächsten Morgen
Ist leider, wider alles Hoffen,
Bei ihm die Antwort eingetroffen,
In der von jenem Herrn zu lesen,
Er sei so lang verreist gewesen,
Nun aber sei er wieder hiesig
Und freue sich daher ganz riesig,
Und er – der Mensch – könnt mit Vergnügen
Nach Wunsch ganz über ihn verfügen.
Der Mensch, der mit dem Brief, dem groben,
Sein Seelenkonto abgehoben,
Nein, noch viel tiefer sich versündigt:
Das Los zum Ziehungstag gekündigt,
Schrieb noch manch groben Brief im Leben –
Doch ohne ihn dann aufzugeben!

VERDORBENER ABEND

Ein Mensch gedenkt, daheim zu bleiben
Und still an seinem Buch zu schreiben.
Da ruft ein Freund an, ausgeh-heiter,
Und möchte ihn als Fest-Begleiter.
Der Mensch lehnt ab, er sei verhindert.
Jedoch sein Fleiß ist schon gemindert.
Indes er wiederum nun sitzt,
Ein graues Heer von Ratten flitzt
Aus allen Winkeln, Ritzen, Rillen,
Um zu benagen seinen Willen.
Gleichzeitig äußert sich auch jetzt
Der Floh, ihm jäh ins Ohr gesetzt,
Daß er die herrlichsten Genüsse
Durch seinen Trotz versäumen müsse.
Geheim vertauscht sich Zeit und Ort:
Halb ist er hier, halb ist er dort,
Und ist schon dort jetzt zu zwei Dritteln.
Er greift zu scharfen Gegenmitteln,
Beschimpft sich, gibt sich selbst Befehle,
Rast gegen seine schwache Seele –
Umsonst; er schleppt zum Schluß den Rest,
Der noch geblieben, auf das Fest.
Jedoch der Rest ist leider schal,
Dem Menschen wird die Lust zur Qual.
Nach Hause geht er bald, bedrückt ...
Es scheint, der Abend ist mißglückt.

Falscher Verdacht

Ein Mensch hat meist den übermächtigen
Naturdrang, andre zu verdächtigen.
Die Aktenmappe ist verlegt.
Er sucht sie, kopflos und erregt,
Und schwört bereits, sie sei gestohlen,
Und will die Polizei schon holen
Und weiß von nun an überhaupt,
Daß alle Welt nur stiehlt und raubt.
Und sicher ists der Herr gewesen,
Der, während scheinbar er gelesen –
Er ahnt genau, wie es geschah ...
Die Mappe? Ei, da liegt sie ja!
Der ganze Aufwand war entbehrlich
Und alle Welt wird wieder ehrlich.
Doch den vermeintlich frechen Dieb
Gewinnt der Mensch nie mehr ganz lieb,
Weil er die Mappe, angenommen,
Sie wäre wirklich weggekommen –
Und darauf wagt er jede Wette –
Gestohlen würde haben hätte!

ÜBEREILTE ANSCHAFFUNG

Ein Mensch geht, leider ganz allein,
Und kauft sich neues Schuhwerk ein.
Er tritt zu seinem spätern Schaden
Gleich in den nächsten besten Laden,
Wo ihm ein milder Überreder
Die Machart anpreist und das Leder.
Und schwörend, daß der Schuh ihm passe,
Schleppt er sofort ihn an die Kasse.
Leicht ist es, Stiefel sich zu kaufen,
Doch schwer, darin herumzulaufen.

IMMER HÖFLICH

Ein Mensch grüßt, als ein Mann von Welt,
Wen man ihm einmal vorgestellt.
Er trifft denselben äußerst spärlich,
Wenns hochkommt, drei- bis viermal jährlich
Und man begrinst sich, hohl und heiter,
Und geht dann seines Weges weiter.
Doch einmal kommt ein schlechter Tag,
Wo just der Mensch nicht grinsen mag;
Und er geht stumm und starr vorbei,
Als ob er ganz wer andrer sei.
Doch solche Unart rächt sich kläglich:
Von Stund an trifft er jenen täglich.

GEDULDSPROBE

Ein Mensch, der auf die Trambahn wartet,
Hälts für ein Spiel, das abgekartet,
Ja, für die Bosheit der Erinnyen,
Daß immer kommen andre Linien.
Schon droht im Rinnen der Minuten
Er sich tief innen zu verbluten,
Da leuchten endlich in der Ferne
Die heißersehnten Lichter-Sterne.
Der Mensch, noch eben prall vor Wut,
Wird weltversöhnt und herzensgut.
Er setzt sich, aufgelöst in Schwäche.
Die Seele steigt zur Oberfläche
Und plätschert selig über ihn –
Bis jäh der Schaffner fragt: »Wohin?«

Gut gedrillt

Ein Mensch steht stumm, voll schlechter Laune,
An einem hohen Gartenzaune
Und müht sich mit gestreckten Zehen,
In dieses Paradies zu sehen
Und schließt aus dem erspähten Stück:
Hier wohnt der Reichtum, wohnt das Glück.
Der Sommer braust im hohen Laub,
Der Mensch schleicht durch den Straßenstaub
Und denkt, indes er sich entfernt,
Was in der Schule er gelernt:
Daß bloßer Reichtum nicht genügt,
Indem daß oft der Schein betrügt.
Der Mensch ist plötzlich so bewegt,
Daß Mitleid heiß sich in ihm regt
Mit all den armen reichen Leuten –
Er weiß es selber kaum zu deuten.
Doch wir bewundern wieder mal
Dies Glanzdressurstück der Moral.

Nutzlose Qual

Ein Mensch hat eines Nachts geträumt,
Er habe seinen Zug versäumt,
Und er wacht auf mit irrem Schrei –
Jedoch, es ist erst viertelzwei.
Der Schlaf löst die verschreckten Glieder.
Doch sieh, da plötzlich träumts ihm wieder,
Und er wacht auf mit irrem Schrei –
Jedoch, es ist erst vierteldrei.
Er schmiegt sich wieder in die Kissen,
Da wird aufs neu sein Schlaf zerrissen.
Der Schrei ertönt, der Mensch erwacht –
Und diesmal ist es viertelacht.
Der Zug jedoch pflegt abzugehn
Tagtäglich, pünktlich sieben Uhr zehn.
Moral: Was nützt der schönste Schrecken,
Kann er zur rechten Zeit nicht wecken…?

Das Schnitzel

Ein Mensch, der sich ein Schnitzel briet,
Bemerkte, daß ihm das mißriet.
Jedoch, da er es selbst gebraten,
Tut er, als wär es ihm geraten,
Und, um sich nicht zu strafen Lügen,
Ißt ers mit herzlichem Vergnügen.

VORSICHT

Ein Mensch, mit keinem Grund zur Klage
Als dem der allgemeinen Lage,
Klagt trotzdem und auf jeden Fall,
Klagt herzlich, laut und überall,
Daß jedermann sich überzeugt,
Wie tief ihn Not und Sorge beugt.
Wenn er sich nämlich unterfinge
Zu sagen, daß es gut ihm ginge,
So ginge es ihm nicht mehr gut:
Der Neid, der rasche Arbeit tut,
Hätt ihn vielleicht schon über Nacht
Um all sein Gutergehn gebracht.
Drum hat der Mensch im Grunde recht,
Der gleich erklärt, ihm ging' es schlecht.

EIN AUSWEG

Ein Mensch, der spürt, wenn auch verschwommen,
Er müßte sich, genau genommen,
Im Grunde seines Herzens schämen
Zieht vor, es nicht genau zu nehmen.

So ist das Leben

Ein Mensch lebt friedlich auf der Welt,
Weil fest und sicher angestellt.
Jedoch so Jahr um Jahr, wenns lenzt,
Fühlt er sich sklavenhaft begrenzt
Und rasselt wild mit seinen Ketten,
Als könnt er so die Seele retten
Und sich der Freiheit und dem Leben
Mit edlem Opfermut ergeben.
Jedoch bei näherer Betrachtung
Spielt er nur tragische Verachtung
Und schluckt, kraft höherer Gewalt,
Die Sklaverei und das Gehalt.
Auf seinem kleinen Welttheater
Mimt schließlich er den Heldenvater
Und denkt nur manchmal noch zurück
An das einst oft geprobte Stück,
Das niemals kam zur Uraufführung.
Und er empfindet tiefe Rührung,
Wenn er die alte Rolle spricht
Vom Mann, der seine Ketten bricht.

TRAUMBEGEGNUNG

Ein Mensch, beim Traum-Spazierengehen,
Sah einst den Riesen Zufall stehen,
Auf den er schon seit manchem Jahr
Nicht eben gut zu sprechen war.
Wie David einst vor Goliath,
Er traumesmutig vor ihn trat,
Daß er ihn kieselschleudernd träfe,
Wie jener jenen, in die Schläfe.
Doch wollt er, abhold allen Sünden,
Den Mord moralisch erst begründen
Und, was gerade hier vonnöten,
Den Zufall nicht durch Zufall töten.
Er hielt darum, statt rascher Fehde,
Dem Riesen eine Riesenrede,
In der er nachwies, unerbittlich,
Der Zufall sei durchaus nicht sittlich,
Denn er mißbrauche seine Kraft
Zu ungerechter Machenschaft.
Der Riese, gar nicht schlecht gelaunt,
Schien ob des Vorwurfs nur erstaunt
Und war ganz willig zur Bekehrung
Und bat um weitere Belehrung.
Der Mensch bedachte manche Regel,
Die heilsam wäre für den Flegel,
Doch fiel ihm nichts Gescheites ein.
Er wurde kleiner noch als klein,
Und er verschloff sich wie ein Wiesel,
In Händen ungenutzt den Kiesel.

PHANTASTEREIEN

Ein Mensch denkt nachts in seinem Bette,
Was er gern täte, wäre, hätte.
Indes schon Schlaf ihn leicht durchrinnt,
Er einen goldnen Faden spinnt
Und spinnt und spinnt sich ganz zurück
In Märchentraum und Kinderglück.
Er möchte eine Insel haben,
Darauf ein Schloß mit Wall und Graben,
Das so geheimnisreich befestigt,
Daß niemand ihn darin belästigt.
Dann möchte er ein Schiff besitzen
Mit selbsterfundenen Geschützen,
Daß ganze Länder, nur vom Zielen,
In gläserne Erstarrung fielen.
Dann wünscht er sich ein Zauberwort,
Damit den Nibelungenhort –
Tarnkappe, Ring und Schwert – zu heben.
Dann möcht er tausend Jahre leben,
Dann möcht er ... doch er findet plötzlich
Dies Traumgeplantsch nicht mehr ergötzlich.
Er schilt sich selbst: »Hanswurst, saudummer!«
Und sinkt nun augenblicks in Schlummer.

Ein Experiment

Ein Mensch, der es noch nicht gewußt hat,
Daß er zwei Seelen in der Brust hat,
Der schalte ohne Zwischenpause
Die kalte auf die warme Brause,
Wobei er schnatternd schnell entdeckt:
Die sündige Seele wird erschreckt.
Doch wächst im kalten Strahl die Kraft
Der Seele, welche heldenhaft.
Kurz, er stellt fest, wie sich die beiden
Sonst eng verbundnen Seelen scheiden.
Hat er nun überzeugt sich klar
Von dem, was zu beweisen war,
So mache er die minder grobe,
Ja, höchst erwünschte Gegenprobe:
Die Wärme bringt ihm den Genuß,
Er fühlt sich wie aus einem Guß.

DER STARKE KAFFEE

Ein Mensch, der viel Kaffee getrunken,
Ist nachts in keinen Schlaf gesunken.
Nun muß er zwischen Tod und Leben
Hoch überm Schlummerabgrund schweben
Und sich mit flatterflinken Nerven
Von einer Angst zur andern werfen
Und wie ein Affe auf dem schwanken
Gezweige turnen der Gedanken,
Muß über die geheimsten Wurzeln
Des vielverschlungnen Daseins purzeln
Und hat verlaufen sich alsbald
Im höllischen Gehirn-Urwald.
In einer Schlucht von tausend Dämpfen
Muß er mit Spukgestalten kämpfen,
Muß, von Gespenstern blöd geäfft,
An Weiber, Schule, Krieg, Geschäft
In tollster Überblendung denken
Und kann sich nicht ins Nichts versenken.
Der Mensch in selber Nacht beschließt,
Daß er Kaffee nie mehr genießt.
Doch ist vergessen alles Weh
Am andern Morgen – beim Kaffee.

Unter Aufsicht

Ein Mensch, der recht sich überlegt,
Daß Gott ihn anschaut unentwegt,
Fühlt mit der Zeit in Herz und Magen
Ein ausgesprochnes Unbehagen
Und bittet schließlich Ihn voll Grauen,
Nur fünf Minuten wegzuschauen.
Er wolle unbewacht, allein
Inzwischen brav und artig sein.
Doch Gott, davon nicht überzeugt,
Ihn ewig unbeirrt beäugt.

Der Pfründner

Ein Mensch hat draußen nicht viel Glück.
Er zieht sich in sich selbst zurück;
Zu keinem Aufwand mehr verpflichtet,
Doch seelisch sehr gut eingerichtet,
Führt er seitdem behaglich dort
Ein Innenleben mit Komfort.

SCHLÜPFRIGE DINGE

Ein Mensch, der auf der Straße ging,
Mit seinen Augen sich verfing
In einem Laden, drin ein Weib
Höchst schamlos zeigte seinen Leib,
Der nur aus Pappendeckel zwar,
Doch fleischlich in der Wirkung war.
Von Hemd und Höschen zart umhüllt,
Das Blendwerk nur den Zweck erfüllt,
Zu schlagen eine breite Bresche
In den erlaubten Wunsch nach Wäsche.
Und da dem Reinen alles rein,
Sah das der Mensch auch alsbald ein
Und ging mit einer grenzenlosen
Hochachtung fort für Damenhosen.

VOREILIG

Ein Mensch in seinem ersten Zorn
Wirft leicht die Flinte in das Korn,
Und wenn ihm dann der Zorn verfliegt,
Die Flinte wo im Korne liegt.
Der Mensch bedarf dann mancher Finte,
Zu kriegen eine neue Flinte.

Unglaubwürdige Geschichte

Ein Mensch, ein wahrhaft großmut-gütiger,
Und ein noch weitaus größermütiger,
Bekommen miteinander Streit –
Das heißt natürlich, insoweit
Ein streitvergleichbares Gebilde
Entstehen kann bei solcher Milde.
Der Gütige nennt allein sich schuldig,
Indes der Gütigere geduldig
Den Gütigen dahin belehrt,
Es sei gerade umgekehrt;
Die Un-Schuld ganz auf sich zu nehmen,
Will keins von beiden sich bequemen,
Weil er es nie dem andern gönnte,
Daß er – der andre – sagen könnte,
Er habe, um zum End zu kommen,
Die Unschuld ganz auf sich genommen
Und damit, und das ist es eben,
Die Schuld des andern zugegeben.
Nun gut, nachdem sich jeder weigert,
Wird das Gespräch hinaufgesteigert,
Doch nicht zur Grobheit wie gewöhnlich,
Nein, hier natürlich höchstversöhnlich,
Bis es, ganz aus sich selbst verschwendet
In Lächeln und in Demut endet
Und beide in beglücktes Schweigen
Wie Kinderluftballone steigen.

BILLIGE REISE

Ein Mensch holt sich für die bezweckte
Fahrt in die Ferien viel Prospekte,
Die, was verdächtig, unentgeltlich
In reichster Auswahl sind erhältlich
Und die in Worten wie in Bildern
Den Reiz jedweder Gegend schildern.
Begeisternd sind die Pensionen,
In denen nette Menschen wohnen.
Ganz herrlich sind die Alpentäler,
Wo preiswert Bett und Mittagsmähler.
Doch würdig reifer Überlegung
Ist auch am Meere die Verpflegung.
Es fragt sich nur ob Ost-, ob Nord-?
Und schließlich wie wär es an Bord?
Nicht zu verachten bei den Schiffen
Der Lockruf: »Alles inbegriffen!«
Der Mensch, an sich nicht leicht entschlossen,
Hat lesend schon genug genossen
Und bleibt, von tausend Bildern satt,
Vergnügt in seiner Heimatstadt.

DER LEBENSKÜNSTLER

Ein Mensch, am Ende seiner Kraft,
Hat sich noch einmal aufgerafft.
Statt sich im Schmerze zu vergeuden,
Beschließt er, selbst sich zu befreuden
Und tut dies nun durch die Erdichtung
Von äußerst peinlicher Verpflichtung.
So ist ihm Reden eine Qual.
Sitzt er nun wo als Gast im Saal,
Befiehlt er streng sich in den Wahn,
Er käm jetzt gleich als Redner dran,
Macht selber Angst sich bis zum Schwitzen –
Und bleibt dann glücklich lächelnd sitzen.
Dann wieder bildet er sich ein,
Mit einem Weib vermählt zu sein,
Das trotz erbostem Scheidungsrütteln
Auf keine Weise abzuschütteln.
Wenn er die Wut, daß sie sich weigert,
Bis knapp zum Mord hinaufgesteigert,
So lacht er über seine List
Und freut sich, daß er ledig ist.
Ein Mensch, ein bißchen eigenwillig,
Schafft so sich Wonnen, gut und billig.

Verwickelte Geschichte

Ein Mensch wähnt manchmal ohne Grund,
Der andre sei ein Schweinehund,
Und hält für seinen Lebensrest
An dieser falschen Meinung fest.
Wogegen, gleichfalls unbegründet,
Er einen Dritten reizend findet.
Und da kein Gegenteil erwiesen,
Zeitlebens ehrt und liebt er diesen.
Derselbe Mensch wird seinerseits –
Und das erst gibt der Sache Reiz –
Durch eines blinden Zufalls Walten
Für einen Schweinehund gehalten,
Wie immer er auch darauf zielte,
Daß man ihn nicht für einen hielte.
Und einzig jener auf der Welt,
Den selber er für einen hält,
Hält ihn hinwiederum für keinen.
Moral: Das Ganze ist zum Weinen.

Das Sprungbrett

Ein Mensch, den es nach Ruhm gelüstet,
Besteigt, mit großem Mut gerüstet,
Ein Sprungbrett – und man denkt, er liefe
Nun vor und spränge in die Tiefe,
Mit Doppelsalto und dergleichen
Der Menge Beifall zu erreichen.
Doch läßt er, angestaunt von vielen,
Zuerst einmal die Muskeln spielen,
Um dann erhaben vorzutreten,
Als gälts, die Sonne anzubeten.
Ergriffen schweigt das Publikum –
Doch er dreht sich gelassen um
Und steigt, fast möcht man sagen, heiter
Und vollbefriedigt von der Leiter.
Denn, wenn auch scheinbar nur entschlossen,
Hat er doch sehr viel Ruhm genossen,
Genau genommen schon den meisten –
Was soll er da erst noch was leisten?

Beim Einschlafen

Ein Mensch möcht sich im Bette strecken,
Doch hindern die zu kurzen Decken.
Es friert zuerst ihn an den Füßen,
Abhilfe muß die Schulter büßen.
Er rollt nach rechts und meint, nun gings,
Doch kommt die Kälte prompt von links.
Er rollt nach links herum, jedoch
Entsteht dadurch von rechts ein Loch.
Indem der Mensch nun dies bedenkt,
Hat Schlaf sich mild auf ihn gesenkt
Und schlummernd ist es ihm geglückt:
Er hat sich warm zurechtgerückt.
Natur vollbringt oft wunderbar,
Was eigentlich nicht möglich war.

Sprichwörtliches

Ein Mensch bemerkt mit bitterm Zorn,
Daß keine Rose ohne Dorn.
Doch muß ihn noch viel mehr erbosen,
Daß sehr viel Dornen ohne Rosen.

Die Torte

Ein Mensch kriegt eine schöne Torte.
Drauf stehn in Zuckerguß die Worte:
»Zum heutigen Geburtstag Glück!«
Der Mensch ißt selber nicht ein Stück,
Doch muß er in gewaltigen Keilen
Das Wunderwerk ringsum verteilen.
Das »Glück«, das »heu«, der »Tag« verschwindet,
Und als er nachts die Torte findet,
Da ist der Text nur mehr ganz kurz.
Er lautet nämlich nur noch:..»burts«..
Der Mensch, zur Freude jäh entschlossen,
Hat diesen Rest vergnügt genossen.

Man wird bescheiden

Ein Mensch erhofft sich fromm und still,
Daß er einst das kriegt, was er will.
Bis er dann doch dem Wahn erliegt
Und schließlich das will, was er kriegt.

LITERATUR UND LIEBE

VERKANNTE KUNST

Ein Mensch, der sonst kein Instrument,
Ja, überhaupt Musik kaum kennt,
Bläst Trübsal – denn ein jeder glaubt,
Dies sei auch ungelernt erlaubt.
Der unglückselige Mensch jedoch
Bläst bald auch auf dem letzten Loch.
Dann ists mit seiner Puste aus
Und niemand macht sich was daraus.
Moral: Ein Trübsalbläser sei
Ein Meister, wie auf der Schalmei.

KUNST

Ein Mensch malt, von Begeisterung wild,
Drei Jahre lang an einem Bild.
Dann legt er stolz den Pinsel hin
Und sagt: »Da steckt viel Arbeit drin.«
Doch damit wars auch leider aus:
Die Arbeit kam nicht mehr heraus.

UNERWÜNSCHTER BESUCH

Ein Mensch, der sich zu Hause still
Was Wunderschönes dichten will,
Sucht grad auf Lenz sich einen Reim,
Als in das sonst so traute Heim
Ein Mann tritt, welchen er zu treten
In keiner Weise hat gebeten.
»Ich seh«, sagt dieser, »daß ich störe.
Sie schreiben grade – nun, ich schwöre,
Sie gar nicht lange aufzuhalten,
Ich weiß, man will ein Werk gestalten,
Ist just an einer schweren Stelle –
Da tritt ein Fremdling auf die Schwelle.
Ich komm nicht, Sie zu unterbrechen,
Ich will nur knapp zwei Worte sprechen.
Nur keine Bange – fünf Minuten,
Ich denk nicht, Ihnen zuzumuten,
Mir mehr zu opfern. Zeit ist Geld,
Und Geld ist rar heut auf der Welt.«
Der Mann noch weiterhin bekräftigt,
Er wisse, wie der Mensch beschäftigt,
Und sei darum von ganzer Seele
Bedacht, daß er nicht Zeit ihm stehle.
Der Mensch wird, etwa nach drei Stunden,
Zerschwätzt an seinem Tisch gefunden.

VERHINDERTER DICHTER

Ein Mensch, zur Arbeit wild entschlossen,
Ist durch den Umstand sehr verdrossen,
Daß ihm die Sonne seine Pflicht
Und Lust zum Fleißigsein zersticht.
Er sitzt und schwitzt und stöhnt und jammert,
Weil sich die Hitze an ihn klammert.
Von seinem Wunsch herbeigemolken,
Erscheinen alsbald dunkle Wolken,
Der Regen rauscht, die Traufen rinnen.
Jetzt, denkt der Mensch, kann ich beginnen!
Doch bleibt er tatenlos und sitzt,
Horcht, wie es donnert, schaut, wies blitzt,
Und wartet, dumpf und hirnvernagelt,
Obs nicht am Ende gar noch hagelt.
Doch rasch zerfällt das Wettertoben –
Der Mensch sitzt wieder: Siehe oben!

ENTBEHRLICHE NEUIGKEITEN

Ein Mensch, der Zeitung liest, erfährt:
»Die Lage völlig ungeklärt.«
Weil dies seit Adam so gewesen,
Wozu denn da noch Zeitung lesen?

HOFFNUNGEN

Ein Mensch, der eben auf gut Glück
Versandte ein Theaterstück,
Erwartet nunmehr Tag für Tag,
Gespannt die Antwort vom Verlag.
Die Träume schweifen weit, die kühnen,
Und rechnen schon mit tausend Bühnen,
Sie werden dreist und immer dreister.
Man wird ihm schreiben: »Hoher Meister...«
Was schreiben – drahten wird man gleich:
»Erbitten Rechte ganzes Reich!«
Nur manchmal denkt der Mensch beklommen,
Die Antwort müßte rascher kommen.
Jedoch, mit Träumen so gefüttert,
Bleibt sein Vertrauen unerschüttert.
Sehr plötzlich liegt dann auf dem Tisch
Sein Drama nebst gedrucktem Wisch:
»Man habe für die p. p. Sendung
Hochachtend leider nicht Verwendung,
Womit jedoch in keiner Richtung
Man zweifle an dem Wert der Dichtung!«
Der Mensch, der eben noch im Geist
Und Flugzeug nach Berlin gereist,
Um zu erobern sich die Welt –
Notlandet schlicht auf freiem Feld.

BÜCHER

Ein Mensch, von Büchern hart bedrängt,
An die er lang sein Herz gehängt,
Beschließt voll Tatkraft, sich zu wehren,
Eh sie kaninchenhaft sich mehren.
Sogleich, aufs äußerste ergrimmt,
Er ganze Reihn von Schmökern nimmt
Und wirft sie wüst auf einen Haufen,
Sie unbarmherzig zu verkaufen.
Der Haufen liegt, so wie er lag,
Am ersten, zweiten, dritten Tag.
Der Mensch beäugt ihn ungerührt
Und ist dann plötzlich doch verführt,
Noch einmal hinzusehn genauer –
Sieh da, der schöne Schopenhauer...
Und schlägt ihn auf und liest und liest,
Und merkt nicht, wie die Zeit verfließt...
Beschämt hat er nach Mitternacht
Ihn auf den alten Platz gebracht.
Dorthin stellt er auch eigenhändig
Den Herder, achtundzwanzigbändig.
E. T. A. Hoffmanns Neu-Entdeckung
Schützt diesen auch vor Zwangs-Vollstreckung.
Kurzum, ein Schmöker nach dem andern
Darf wieder auf die Bretter wandern.
Der Mensch, der so mit halben Taten
Beinah schon hätt den Geist verraten,
Ist nun getröstet und erheitert,
Daß die Entrümpelung gescheitert.

Der Nichtskönner

Ein Mensch, in einem jähen Strudel
Von widerwärtigem Lobgehudel
Emporgeschleudert wild und weit,
Steigt in den Glanz der Ewigkeit.
Doch in der Region der Gletscher
Gefriert das eitle Lobgeplätscher.
Der Mensch, umragt von Geistesriesen,
Ist auf sich selber angewiesen
Und fühlt, im Innersten verstört,
Daß er nicht recht hierher gehört.
Arm und verlassen hockt er droben.
Doch wer kann ihn herunterloben?

*

Ein Mensch von innerlichster Richtung
Schreibt unentwegt an einer Dichtung.
Doch, was mit Herzblut er geschrieben,
Kann niemand loben oder lieben.
Ein andrer Mensch, der nicht so blutet,
Daß es die Dichtung überflutet,
Benutzt – welch widerwärtige Finte –
Zu dem Behufe einfach Tinte.
Und doch wird dem, was er gedichtet,
Von allen Seiten beigepflichtet.
Blut ist zwar ein besondrer Saft,
Doch hat auch Tinte ihre Kraft.

GUTES BEISPIEL

Ein Mensch, der Bücher schreiben wollte,
Besinnt sich plötzlich, ob ers sollte.
Ob er, bisan ein heilig Wesen,
Dran Dichter und Verlag genesen,
Ein Mensch, der nicht nur las, der gar
Sich Bücher kaufte gegen bar
Und den, weil selbst er nie geschrieben,
Die Menschen und die Götter lieben,
Ob er, gleichviel aus welchen Gründen,
Sich stürzen sollt in solche Sünden,
Wie sie im Himmel und auf Erden
Höchst selten nur vergeben werden –
Der Mensch, der schon Papier erworben,
Hat anderweitig es verdorben.

DER REZENSENT

Ein Mensch hat Bücher wo besprochen
Und liest sie nun im Lauf der Wochen.
Er freut sich wie ein kleines Kind,
Wenn sie ein bißchen auch so sind.

BRIEFE, DIE IHN NICHT ERREICHTEN...

Ein Mensch denkt oft mit stiller Liebe
An Briefe, die er gerne schriebe.
Zum Beispiel: »Herr! Sofern Sie glauben,
Sie dürften alles sich erlauben,
So teil ich Ihnen hierdurch mit,
Daß der bewußte Eselstritt
Vollständig an mir abgeprallt –
Das weitere sagt mein Rechtsanwalt!
Und wissen Sie, was Sie mich können?...«
Wie herzlich wir dem Menschen gönnen,
An dem, was nie wir schreiben dürfen,
Herumzubasteln in Entwürfen.
Es macht den Zornigen sanft und kühl
Und schärft das deutsche Sprachgefühl.

ARBEITER DER STIRN

Ein Mensch sitzt kummervoll und stier
Vor einem weißen Blatt Papier.
Jedoch vergeblich ist das Sitzen –
Auch wiederholtes Bleistiftspitzen
Schärft statt des Geistes nur den Stift.
Selbst der Zigarre bittres Gift,
Kaffee gar, kannenvoll geschlürft,
Den Geist nicht aus den Tiefen schürft,
Darinnen er, gemein verbockt,
Höchst unzugänglich einsam hockt.
Dem Menschen kann es nicht gelingen,
Ihn auf das leere Blatt zu bringen.
Der Mensch erkennt, daß es nichts nützt,
Wenn er den Geist an sich besitzt,
Weil Geist uns ja erst Freude macht,
Sobald er zu Papier gebracht.

Der Kenner

Ein Mensch sitzt stolz, programmbewehrt,
In einem besseren Konzert,
Fühlt sich als Kenner überlegen –
Die anderen sind nichts dagegen.
Musik in den Gehörgang rinnt,
Der Mensch lauscht kühn verklärt und sinnt.
Kaum daß den ersten Satz sie enden,
Rauscht er schon rasend mit den Händen
Und spricht vernehmliche und kluge
Gedanken über eine Fuge
Und seufzt dann, vor Begeisterung schwach:
»Nein, wirklich himmlisch, dieser Bach!«
Sein Nachbar aber grinst abscheulich:
»Sie haben das Programm von neulich!«
Und sieh, woran er gar nicht dachte:
Man spielt heut abend Bruckners Achte.
Und jäh, wie Simson seine Kraft,
Verliert der Mensch die Kennerschaft.

THEATERBILLETTS

Ein Mensch besitzt zwei Festspielkarten,
Auf die vielleicht zehntausend warten,
Die, würden sie beschenkt mit diesen,
Sich ungeheuer glücklich priesen.
Der Mensch, von diesen schroff getrennt
Dadurch, daß er sie gar nicht kennt,
Denkt vorerst seiner beiden Schwestern:
»Nein, danke«, heißts, »wir waren gestern.«
Dann fällt ihm noch Herr Müller ein,
Der wird vermutlich selig sein.
Doch selig ist der keinesfalls,
Ihm stehn die Opern schon zum Hals.
Wie konnt ich Fräulein Schulz vergessen?
Die ist auf so was ganz versessen!
»Wie, heute abend, Lohengrin?
Da geh ich sowieso schon hin!«
Herr Meier hätte sicher Lust:
»Hätt vor drei Tagen ichs gewußt!«
Frau Huber lehnt es ab, empört:
»Vor zwanzig Jahren schon gehört!«
Herr Lieblich meint, begeistert ging er,
Wär es für morgen, Meistersinger,
Doch heute abend, leider nein.
Der Mensch läßt es von nun an sein.
Zwei Plätze, keine Sitzer habend,
Genießen still den freien Abend.

GEFAHRVOLLER RITT (1933)

Ein Mensch, der noch ein Buch besaß,
Darin als Kind er gerne las,
Trifft das Gedicht, ihm lieb von je,
Vom Reiter überm Bodensee.
Jedoch, es kann den gleichen Schrecken
Wie damals nicht mehr in ihm wecken.
Denn, denkt der Mensch, was war da? was?
Der Mann, der gut zu Pferde saß,
Ritt unbeirrt geradeaus,
Sah bald ein Licht, kam an ein Haus,
Wo er gerettet dann erfuhr
Ein mäßig Wunder der Natur:
Es lag, bedeckt von Eis und Schnee,
Nicht bodenlos der Bodensee
Und, noch dazu, das Wetter war
An jenem Tage hell und klar.
Nach kurzer Zeit war er bereits
Unangefochten in der Schweiz
Und hatte wahrlich wenig Not,
Zu sinken von dem Rosse tot.
Wie tot sänk, denkt der Mensch, vom Rosse
Erst unsereins, als Zeitgenosse,
Da wir doch hören beinah stündlich,
Daß, wo wir ritten, unergründlich
Die Tiefe war und, was noch schlimmer:
Wir müssen reiten ja noch immer
Und tuns verhältnismäßig heiter:
Wer weiß wohin? Nur weiter, weiter!

KLEINE URSACHEN

Ein Mensch – und das geschieht nicht oft –
Bekommt Besuch, ganz unverhofft,
Von einem jungen Frauenzimmer,
Das grad, aus was für Gründen immer –
Vielleicht aus ziemlich hintergründigen –
Bereit ist, diese Nacht zu sündigen.
Der Mensch müßt nur die Arme breiten,
Dann würde sie in diese gleiten.
Der Mensch jedoch den Mut verliert,
Denn leider ist er unrasiert.
Ein Mann mit schlechtgeschabtem Kinn
Verfehlt der Stunde Glücksgewinn,
Und wird er schließlich doch noch zärtlich,
Wird ers zu spät und auch zu bärtlich.
Infolge schwacher Reizentfaltung
Gewinnt die Dame wieder Haltung
Und läßt den Menschen, rauh von Stoppeln,
Vergeblich seine Müh verdoppeln.
Des Menschen Kinn ist seitdem glatt –
Doch findet kein Besuch mehr statt.

ZIRKUS LIEBE

Ein Mensch – wir brauchens nicht zu sagen,
Es gilt dem Sinn nach, übertragen –
Ein Mensch ist, wie gesagt, ganz hin:
Er liebt die Zirkusreiterin!
Er nimmt das Schwerste selbst in Kauf
Und tritt als Dummer August auf,
Um überhaupt nur da zu sein
Und der Geliebten nah zu sein.
Jedoch dem Weib viel näher steht
Ein strotzender Gemüts-Athlet.
Und leicht gewinnt durch rasche Tat
Sie ein Gesinnungs-Akrobat.
Und wenn der wirklich sie verlör,
Ist da noch immer ein Domptör,
Ein Schlangenbändiger, ein Gaukler,
Ein Illusionist, ein Turmseilschaukler,
Ein Stallknecht, kurz, du armer Dummer
August, bist erst die letzte Nummer!
Ein anderer Mensch, nicht liebestoll,
Weiß gleich, was man da machen soll.
Er freut sich an dem bittern Spaße
Und setzt sich herzlos an die Kasse.

WEIDMANNS HEIL

Ein Mensch, schon vorgerückt an Jahren,
Entschließt sich dennoch, Schi zu fahren
Und zwar, weil er einmal erfuhr,
Daß in der Freiheit der Natur
Die Auswahl oft ganz unbeschreiblich
An Wesen, welche erstens weiblich
Und zweitens, die verhältnismäßig
Sehr wohlgestalt und schöngesäßig.
Der Mensch beschließt, mit einem Wort,
Die Häschenjagd als Wintersport.
Doch was er trifft auf Übungshügeln,
Kann seine Sehnsucht nicht beflügeln.
Dort fällt ja stets, seit vielen Wintern,
Das gleiche Volk auf dicke Hintern.
Die Häschen ziehn zu seinem Schmerz
Sich immer höher alpenwärts,
Und sind auch leider unzertrennlich
Vereint mit Wesen, welche männlich.
Der Mensch, der leider nur ein Fretter
Und kein Beherrscher jener Bretter,
Die einzig hier die Welt bedeuten,
Vermag kein Häschen zu erbeuten,
Weshalb er, anstatt Schi zu laufen,
Ins Kurhaus geht, sich zu besaufen.

GEZEITEN DER LIEBE

Ein Mensch schreibt mitternächtig tief
An die Geliebte einen Brief,
Der schwül und voller Nachtgefühl.
Sie aber kriegt ihn morgenkühl,
Liest gähnend ihn und wirft ihn weg.
Man sieht, der Brief verfehlt den Zweck.
Der Mensch, der nichts mehr von ihr hört,
Ist seinerseits mit Recht empört
Und schreibt am hellen Tag, gekränkt
Und saugrob, was er von ihr denkt.
Die Liebste kriegt den Brief am Abend,
Soeben sich entschlossen habend,
Den Menschen dennoch zu erhören –
Der Brief muß diesen Vorsatz stören.
Nun schreibt, die Grobheit abzubitten,
Der Mensch noch einen zarten dritten
Und vierten, fünften, sechsten, siebten
Der herzlos schweigenden Geliebten.
Doch bleibt vergeblich alle Schrift,
Wenn man zuerst daneben trifft.

HEREINFALL

Ein Mensch, gewillt, sich zu erholen,
Kriegt Paradiese gern empfohlen.
Er liest in manchem Werbeblatt
An Bergen sich und Bädern satt,
Um, qualvoll hin- und hergerissen,
Erst recht nicht mehr: wohin? zu wissen.
Entschluß hängt oft an einem Fädchen:
In diesem Fall entschied ein Mädchen,
Das aus dem schönsten der Prospekte
Die Arme sehnend nach ihm streckte.
Der Mensch, schon jetzt in es verliebt
Und überzeugt, daß es es gibt,
Fährt, nicht mehr länger überlegend,
In die dortselbst verheißne Gegend
Und sieht inmitten sich von Leuten,
Die auch sich auf das Mädchen freuten,
Doch keinesfalles ihrerseits
Ersetzen den versprochnen Reiz.
Im Kurhaus, im Familienbad
Ist ohne es es äußerst fad;
Der Mensch, vom Mädchenbild bestochen,
Hat sich im voraus für vier Wochen
Vertrauensselig schon verpflichtet.
Nun steht er einsam und vernichtet.

BÜHNE DES LEBENS

Ein Mensch, von einem Weib betrogen,
Ergeht sich wüst in Monologen,
Die alle in dem Vorsatz enden,
Sich an kein Weib mehr zu verschwenden.
Doch morgen schon – was gilt die Wette? –
Übt wieder dieser Mensch Duette.

FÜR ARCHITEKTEN

Ein Mensch, der auf ein Weib vertraut
Und drum ihm einen Tempel baut
Und meint, das wär sein Meisterstück,
Erlebt ein schweres Bauunglück.
Leicht findet jeder das Exempel:
Auf Weiber baue keine Tempel!

FÜR JURISTEN

Ein Mensch, nach längerm Eheleiden,
Faßt endlich Mut und läßt sich scheiden.
Kaum ist die Sache abgesprochen,
Hat er sich jäh den Hals gebrochen.
Sein Tod läßt selbst die Witwe kalt,
Doch bitter weint der Rechtsanwalt.

VERPFUSCHTES ABENTEUER

Ein Mensch geht in der Stadt spazieren
Und muß gar oft sein Herz verlieren
An Frauen, die nicht daran denken,
Ihm auch nur einen Blick zu schenken.
Warum, so fragt er sich im Gehen,
Kann mirs nicht auch einmal geschehen,
Daß dank geheimer Liebeskraft
Ein Wesen, hold und engelhaft,
Mißachtend strenger Sitten Hürde
Sich unverhofft mir nähern würde?
Kaum hat er so zu sich gesprochen,
Fühlt er sein Herz gewaltig pochen.
Denn sieh, die reizendste der Frauen
Naht sich voll lächelndem Vertrauen
Und sagt zu ihm errötend dies:
»᭺ – ᭺ – ᭺ – ᭺ please?«
Der Mensch, der sowas nicht gelernt,
Hat hilflos stotternd sich entfernt.
Was nützt – Moral von der Geschicht –
Ein Engel, wenn er englisch spricht!

DIE ANTWORT

Ein Mensch, der einen herzlos kalten
Absagebrief von ihr erhalten,
Von ihr, die er mit Schmerzen liebt,
Erwägt, was er zur Antwort gibt.
Mit Hilfe von Gedankensäure
Füllt er sich Bomben, ungeheure,
Beginnt ein Schreiben aufzusetzen,
Das dieses Weib in tausend Fetzen
(So graunvoll nämlich ist sein Gift!)
Zerreißen muß, wenn es sie trifft.
Genau die Sätze er verschraubt,
Bis er die Zündung wirksam glaubt.
Zum Schlusse aber schreibt er ihr:
»Ich liebe Dich. Sei gut zu mir!«

EINSICHT

Ein Mensch, ein liebesselig-süßer,
Erfährt, daß er nur Lückenbüßer
Und die Geliebte ihn nur nahm,
Weil sie den andern nicht bekam.
Trotzdem läßt er sichs nicht verdrießen,
Das Weib von Herzen zu genießen.
Es nehmen, die auf Erden wandern,
Ja alle einen für den andern.

UNGLEICHER KAMPF

Ein Mensch von innerem Gewicht
Liebt eine Frau. Doch sie ihn nicht.
Doch daß sie ihn nicht ganz verlöre,
Tut sie, als ob sie ihn erhöre.
Der Mensch hofft deshalb unverdrossen,
Sie habe ihn ins Herz geschlossen,
Darin er, zwar noch unansehnlich,
Bald wachse, einer Perle ähnlich.
Doch sieh, da kommt schon einszweidrei
Ein eitler junger Fant herbei,
Erlaubt sich einen kleinen Scherz,
Gewinnt im Fluge Hand und Herz.
Ein Mensch, selbst als gereifte Perle,
Ist machtlos gegen solche Kerle.

EIN ERLEBNIS

Ein Mensch erblickt ein Weib von fern
Und säh es aus der Nähe gern.
Er eilt herbei zu diesem Zweck,
Doch zwischen beiden liegt ein Dreck.
Der Mensch, ganz Auge, anzubeten,
Ist blindlings da hineingetreten.
Nicht angenehm für seine Schuhe –
Doch gut für seine Seelenruhe.

DER GEKRÄNKTE BADEGAST

Ein Mensch, an sich mit Doktorgrad,
Geht einsam durchs Familienbad.
Dortselbst beäugt ihn mancher hämisch,
Der zweifellos nicht akademisch.
Der Mensch erkennt, hier gelte nur
Der nackte Vorzug der Natur,
Wogegen sich der schärfste Geist
Als stumpf und wirkungslos erweist,
Weil, mangels aller Angriffsflächen,
Es ihm nicht möglich, zu bestechen.
Der Mensch, der ohne Anschluß bleibt
An alles, was hier leibt und weibt,
Kann leider nur mit einem sauern
Hohnlächeln diese Welt bedauern,
Wirft sich samt Sehnsuchtsweh ins Wasser,
Verläßt es kalt, als Weiberhasser,
Stelzt quer durchs Fleisch mit strenger Miene
Auf spitzem Kies in die Kabine,
Zieht wieder, was er abgetan,
Die Kleider und den Doktor an
Und macht sich, weil er fehl am Ort,
Zwar nicht sehr geltend, aber fort.

FREMDE WELT

Ein Mensch, als Tiefseefisch gebaut,
Ist mit der Finsternis vertraut.
Doch Sehnsucht treibt ihn dorthin bald,
Wo's nicht so dunkel und so kalt,
So daß er kühn nach oben schwimmt
In Kreise, nicht für ihn bestimmt.
Dort tummeln Fische sich umher,
Die weitaus schöner sind als er
Und die mit einer wunderleichten
Bewegtheit spielen hier im Seichten.
Der Mensch, vielmehr der Tiefseefisch,
Fühlt sich hingegen gar nicht frisch
Und ist, indem er glotzend staunt,
In dieser Welt nicht wohlgelaunt
Und kehrt, selbst fühlend, daß er stört,
Dorthin zurück, wo er gehört.
Womit sogar von Paradiesen
Die Rela-Tiefe ist bewiesen.

ERFOLGLOSER LIEBHABER

Ein Mensch wollt sich ein Weib erringen,
Doch leider konnts ihm nicht gelingen.
Er ließ sich drum, vor weitern Taten,
Von Fraun und Männern wohl beraten:
»Nur nicht gleich küssen, tätscheln, tappen!«
»Greif herzhaft zu, dann muß es schnappen!«
»Laß deine ernste Absicht spüren!«
»Sei leicht und wahllos im Verführen!«
»Der Seele Reichtum lege bloß!«
»Sei scheinbar kalt und rücksichtslos!«
Der Mensch hat alles durchgeprobt,
Hat hier sich ehrenhaft verlobt,
Hat dort sich süß herangeplaudert,
Hat zugegriffen und gezaudert,
Hat Furcht und Mitleid aufgeweckt,
Hat sich verschwiegen, sich entdeckt,
War zärtlich kühn, war reiner Tor,
Doch wie ers machte – er verlor.
Zwar stimmte jeder Rat genau,
Doch jeweils nicht für jede Frau.

LEIDEN UND LERNEN

Um Vierzig herum

Ein Mensch, sich wähnend noch als junger,
Hat jetzt erst so den rechten Hunger
Und freut sich auf die gute Stunde,
Wo er vergnügt mit vollem Munde
Weinweibgesänglich sitzen dürfte
Und wo der bisher kaum geschlürfte,
Der Göttertrank der Daseinswonnen,
In vollen Strömen käm geronnen.
So rüstet er zum Lebensfeste –
Und sieht entsetzt die kargen Reste,
Die ihm, zu leben und zu lieben,
Für künftige Jahre noch geblieben.
Sich wähnend auf des Glückes Gipfel,
Schaut er der Wurst verlornen Zipfel.
Bereit zum ersten tiefen Zug,
Lechzt er in einen leeren Krug.
Da sitzt er, schüttelt stumm das Haupt,
Weil er es nie und nimmer glaubt,
Daß er sie selbst verzehret habe,
Die unerschöpflich reiche Labe.
Er kaut Erinnrung, saugt Vergessen –
Ist dreißig Jahr noch so gesessen ...

FALSCHE ERNÄHRUNG

Ein Mensch, den falscherweise meist
Man lebensüberdrüssig heißt,
Ist, und das macht den Fall erst schwierig,
In Wahrheit lebensübergierig,
So daß er jedes Maß vergißt
Und sich an Wünschen überfrißt.
Der Typ des reinen Hypochonders
Freut sich am Leben ganz besonders.
Unüberwindlich bleibt ihm nur
Die innere Zwietracht der Natur.
Oft wär er gerne dionysisch,
Doch er verträgts nicht, schon rein physisch.
Oft wär ihm sanftes Glück beschieden,
Doch fehlt es ihm an Seelenfrieden.
Da er nie ausnützt, was er hat,
Wird er vom Leben auch nicht satt,
So daß er bald nach Vielem greift,
Was ihm noch gar nicht zugereift,
Den Magen gründlich sich verdirbt
Und dann an Melan-kolik stirbt.

SCHADHAFTE LEITUNG

Ein Mensch, der fühlt, wies immer klopft,
Merkt plötzlich: seine Seele tropft.
Und folgerichtig schließt er draus:
Sie hat ein Loch, sie rinnt ihm aus.
Und unverzüglich-unverzagt
Forscht er nun, wo es tropft und nagt.
Die Frage wird zuerst erledigt,
Ob er sie wie wo wann beschädigt.
Jedoch er ist, bei heiler Brust,
Sich keines solchen Falls bewußt.
Nun meint er, daß es etwa gelte,
Ob sie durch Wärme oder Kälte
Gewissermaßen selbst zersprungen?
Der Nachweis ist ihm nicht gelungen.
Wenn nicht die Hitze und der Frost,
Vielleicht, daß sie des Neides Rost
Der Ehrsucht Säure angefressen?
Doch war auch dies nicht zu ermessen.
Undenkbar auch, daß sie an Wonnen
Geplatzt und somit ausgeronnen.
Doch während er so überlegt,
Tropft seine Seele unentwegt.
Die ausgelaufnen Seelensäfte
Zerlaugen seine besten Kräfte,
So daß er froh ist, wenn zum Schluß
Die Seele ganz verrinnen muß.
Hernach lebt er noch lange Zeit
In selbstzufriedner Trockenheit.

RECHTZEITIGE EINSICHT

Ein Mensch sieht ein, daß wer, der stirbt,
Den andern nur den Tag verdirbt,
An dem, den Freunden zum Verdruß,
Er halt beerdigt werden muß.
Den ersten trifft's als harter Schlag:
»Natürlich! Samstag nachmittag!«
Der zweite ärgert sich nicht minder:
»Mit meinem schäbigen Zylinder?«
Der dritte sagt: »Paßt wie bestellt!
Im Westfriedhof, halb aus der Welt!«
Der vierte ringt mit dem Entschluß,
Ob einen Kranz er geben muß.
Der fünfte aber herzlos spricht:
»So nah stand er mir schließlich nicht!«
Der sechste denkt nach altem Brauch:
»Ein Beileidsschreiben tut es auch!«
Und rückhaltslos bekennt der siebte,
Daß er ihn überhaupt nicht liebte.
Zeit ist's. Der Sarg wird zugenagelt.
Es regnet draußen, schneit und hagelt –
Kann sein auch: Julisonne sticht:
Mensch, das vergessen sie dir nicht!
Es spricht Kollege, Freund und Vetter:
»Der damals? Bei dem Schweinewetter?!«
Der Mensch schreibt drum: Mein letzter Wille –
Beerdigt mich in aller Stille!

Vergebliche Mühe

Ein Mensch, der willens, lang zu leben,
Beschließt dem Tod zu widerstreben
Und a) durch strenges Selbstbelauern
Die Krisenzeit zu überdauern
Und b) zu hindern die Vermorschung
Durch wissenschaftlich ernste Forschung.
Zu letzterm Zwecke wird bezogen
Ein Horoskop beim Astrologen,
Um nicht bezüglich der Planeten
In eine falsche Bahn zu treten.
Ist so gebannt Saturnens Kraft,
Hilft weiterhin die Turnerschaft,
Die Rümpfe rollend, Kniee beugend,
Ganz zweifellos wirkt kräftezeugend.
Die Rohkost birgt das Vitamin;
Wein und Tabak, er gibt sie hin.
Auch gilts den Vorrat an Hormonen
In reiferm Alter streng zu schonen.
So braut er sich den Lebenssaft
Aus ausgekochter Wissenschaft.
Ein Mensch, wie dieser, muß auf Erden
Unfehlbar hundertjährig werden.
Das Schicksal aber, das nicht muß,
Macht unversehens mit ihm Schluß.

DER SCHWARZSEHER

Ein Mensch denkt jäh erschüttert dran,
Was alles ihm geschehen kann
An Krankheits- oder Unglücksfällen,
Um ihm das Leben zu vergällen.
Hirn, Auge, Ohr, Zahn, Nase, Hals;
Herz, Magen, Leber ebenfalls,
Darm, Niere, Blase, Blutkreislauf
Zählt er bei sich mit Schaudern auf,
Bezieht auch Lunge, Arm und Bein
Nebst allen Möglichkeiten ein.
Jedoch, sogar den Fall gesetzt,
Er bliebe heil und unverletzt,
Ja, bis ins kleinste kerngesund,
Wär doch zum Frohsinn noch kein Grund,
Da an den Tod doch stündlich mahnen
Kraftfahrer, Straßen-, Eisenbahnen;
Selbst Radler, die geräuschlos schleichen,
Sie können tückisch dich erreichen.
Ein Unglücksfall, ein Mord, ein Sturz,
Ein Blitz, ein Sturm, ein Weltkrieg – kurz,
Was Erde, Wasser, Luft und Feuer
In sich birgt, ist nie ganz geheuer.
Der Mensch, der so des Schicksals Macht
Ganz haargenau bei sich durchdacht,
Lebt lange noch in Furcht und Wahn
Und stirbt – und niemand weiß, woran.

BEHERZIGUNG

Ein Mensch, der sich zu gut erschienen,
Als Vorstand dem Verein zu dienen,
Und der, bequem, sich ferngehalten,
Die Kasse etwa zu verwalten,
Der viel zu faul war, Schrift zu führen,
Kriegt einst der Reue Gift zu spüren.
Sein sechzigster Geburtstag naht –
Wo schreitet wer zur Glückwunschtat?
Tut dies am Ende der Verein?
Nur für ein unnütz Mitglied? Nein!
Kein Ständchen stramm, kein Festprogramm,
Auch kein Ministertelegramm,
Kein Dankesgruß der Bundesleitung
Und keine Zeile in der Zeitung.
Wird etwa gar dann sein Begräbnis
Ihm selbst und andern zum Erlebnis?
Sieht man dortselbst Zylinder glänzen?
Schwankt schwer sein Sarg hin unter Kränzen?
Spricht irgendwer am offnen Grabe,
Was man mit ihm verloren habe?
Entblößt sich dankbar eine Stirn?
Läßt eine Hand im schwarzen Zwirn
Auf seinen Sarg die Schollen kollern
Bei Fahnensenken, Böllerbollern? –
An seinem Grab stehn nur der Pfarrer
Und die bezahlten Leichenscharrer.
Der Mensch, der dies beschämend fand,
Ward augenblicks Vereinsvorstand.

RÄTSELHAFTE ZUVERSICHT

Ein Mensch, der weiß, daß er zum Schluß –
Sit venia verbo – sterben muß
Und daß er, ach, nach wenigen Tagen
Maustot und stumm auf seinem Schragen
Als Leichnam daliegt, als ein gelber,
Verhehlt dies peinlich vor sich selber
Und hält – das ist seit Adam erblich –
Sich ausgerechnet für unsterblich.
Millionen starben um ihn her
Durch Krankheit oder Schießgewehr
Und endeten auf tausend Arten
Vorzeitig ihre Lebensfahrten.
Die Welt war beinah schon zertrümmert:
Der Mensch lebt weiter, unbekümmert,
Der Raupe gleich, die frißt und frißt
Und alles ringsherum vergißt,
Bis eines Tags sie ausgefressen –
Dann ist sie ihrerseits vergessen,
Und andre, auch unsterblich-heiter,
Kaun an dem ewigen Undsoweiter.

UMWERTUNG ALLER WERTE

Ein Mensch von gründlicher Natur
Macht bei sich selber Inventur.
Wie manches von den Idealen,
Die er einst teuer mußte zahlen,
Gibt er, wenn auch nur widerwillig,
Weit unter Einkaufspreis, spottbillig.
Auf einen Wust von holden Träumen
Schreibt er entschlossen jetzt: »Wir räumen!«
Und viele höchste Lebensgüter
Sind nur mehr alte Ladenhüter.
Doch ganz vergessen unterm Staube
Ist noch ein Restchen alter Glaube,
Verschollen im Geschäftsbetriebe
Hielt sich auch noch ein Quentchen Liebe,
Und unter wüstem Kram verschloffen
Entdeckt er noch ein Stückchen Hoffen.
Der Mensch, verschmerzend seine Pleite,
Bringt die drei Dinge still beiseite
Und lebt ganz glücklich bis zur Frist,
Wenn er noch nicht gestorben ist.

VORSCHNELLE GESUNDUNG

Ein Mensch, der lange krank gewesen,
Ist nun seit Jahr und Tag genesen,
Bewegt sich fröhlich in der Stadt,
Darin er viel Bekannte hat.
Doch jedermann, der ihn erblickt,
Ist höchst erstaunt, ja, er erschrickt:
»Was?« ruft er und sucht froh zu scheinen,
»Sie sind schon wieder auf den Beinen?
Ich dachte doch ... ich hörte neulich ...
Na, jeden Falles – sehr erfreulich!«
Er zeigt zu Diensten sich erbötig,
Die Gottseidank jetzt nicht mehr nötig,
Und ärgert sich im tiefsten Grund
Darüber, daß der Mensch gesund,
Statt auszuharren still im Bette,
Bis er – vielleicht – besucht ihn hätte.

Versagen der Heilkunst

Ein Mensch, der von der Welt Gestank
Seit längrer Zeit schwer nasenkrank,
Der weiterhin auf beiden Ohren
Das innere Gehör verloren,
Und dem zum Kotzen ebenfalls
Der Schwindel raushängt schon zum Hals,
Begibt sich höflich und bescheiden
Zum Facharzt für dergleichen Leiden.
Doch dieser meldet als Befund,
Der Patient sei kerngesund,
Die Störung sei nach seiner Meinung
Nur subjektive Zwangserscheinung.
Der Mensch verlor auf dieses hin
Den Glauben an die Medizin.

FREUD-IGES

Ein Mensch erfand – Dank ihm und Lob –
Das Psychoanalysoskop,
In dem nun jeder deutlich nah
Die seelischen Komplexe sah.
So zeigten die bekannten Grillen
Jetzt einwandfrei sich als Bazillen.
Und was man hielt für schlechte Launen,
War wissenschaftlich zu bestaunen
Als Spaltpilz (siehe Schizophyt),
Der schädlich einwirkt aufs Gemüt.
Der Mensch erfand nun auch ein Serum
Aus dem bekannten nervus rerum,
Und es gelang in mehrern Fällen
Die Seelen wiederherzustellen.
Nur ist es teuer – und die meisten,
Die's brauchten, können sichs nicht leisten.

VERGEBLICHES HELDENTUM

Ein Mensch, sonst von bescheidnem Glücke,
Merkt plötzlich, daß mit aller Tücke
Aushungern ihn das Schicksal will:
Es wird um ihn ganz seltsam still,
Die kleinsten Dinge gehn ihm schief,
Die Post bringt nie mehr einen Brief,
Es schweigt sogar das Telefon,
Die Freunde machen sich davon,
Die Frauen lassen ihn allein,
Der Steuerbote stellt sich ein,
Ein alter Stockzahn, der links oben,
Fängt unvermutet an zu toben,
Ein Holzschnitt, für viel Geld erworben,
Ist, wie er jetzt erst merkt, verdorben
Und auch kein echter Toyokuni:
Es regnet, hagelt, schneit im Juni,
Die Zeitung meldet schlimme Sachen,
Kurzum – der Mensch hat nichts zu lachen.
Er lacht auch nicht. Jedoch er stellt
Dem tückischen Schicksal sich als Held:
Auf Freund und Frau verzichtet er,
Das Telefon vernichtet er,
Umgehend zahlt er seine Steuer,
Den Holzschnitt wirft er in das Feuer
Und reißen läßt er sich den Zahn:
Was menschenmöglich, ist getan.
Und trotzdem geht es schlimm hinaus:
Das Schicksal hält es länger aus.

DER MASSLOSE

Ein Mensch, der manches liebe Jahr
Zufrieden mit dem Dasein war,
Kriegt eines Tages einen Koller
Und möchte alles wirkungsvoller.
Auf einmal ist kein Mann ihm klug,
Ist keine Frau ihm schön genug.
Die Träume sollten kühner sein,
Die Bäume sollten grüner sein,
Schal dünkt ihn jede Liebeswonne,
Fahl scheint ihm schließlich selbst die Sonne.
Jedoch die Welt sich ihm verweigert,
Je mehr er seine Wünsche steigert.
Er gibt nicht nach und er rumort,
Bis er die Daseinsschicht durchbohrt.
Da ist es endlich ihm geglückt –
Doch seitdem ist der Mensch verrückt.

ES BLEIBT SICH GLEICH

Ein Mensch, der schrecklich Zahnweh hat,
Gibt gern dem frommen Wunsche statt,
Es möchte seines Schmerzes Quelle
Verlagern sich an andre Stelle.
Er hält es nämlich für gewiß,
Nichts quäle so wie das Gebiß.
Gerührt von seinen bittren Tränen,
Entfährt der Teufel seinen Zähnen
Und rückt den freigewordnen Schmerz
Dem Wunsch entsprechend anderwärts.
Der Mensch, nunmehr mit Hämorrhoiden,
Ist ausgesprochen unzufrieden
Und sucht den Teufel zu bewegen,
Den Schmerz von neuem zu verlegen.
Daß man die gute Absicht sehe,
Schlüpft nun der Teufel in die Zehe.
Der Mensch, geschunden ungemindert,
Fühlt sich noch obendrein behindert,
Im Bette muß er liegen still
Und kann nicht hingehn, wo er will.
Jedoch nach den gehabten Proben
Läßt er den Schmerz geduldig toben –
Und das beruhigt ihn am ehsten:
Denn, wo's grad weh tut, tuts am wehsten!

EITLER WUNSCH

Ein Mensch, der einen Glückspilz sieht,
Dem alles ganz nach Wunsch geschieht,
Verlangt vom lieben Gott das gleiche,
Daß er auch mühelos erreiche
Die schönen Sachen dieser Welt.
Und Gott, dem zwar der Wunsch mißfällt,
Beschließt in seinem wunderbaren
Ratschluß, ihm scheinbar zu willfahren.
Der Mensch, der sonst mit Herzenskräften
Und stark gebrauten Seelensäften
Der spröden Welt das abgewonnen,
Was sie zu schenken nicht gesonnen,
Spürt jäh, wie sehr er sich auch stemmt,
Vom Glanz der Welt sich überschwemmt.
Das ganze Bollwerk der Gedanken
Beginnt vor diesem Schwall zu schwanken,
Mühsam gehegte Herzensfrucht
Reißt wild mit sich die Wogenwucht.
In solcher Not wird es ihm klar,
Wie töricht sein Verlangen war.
Von nun an lebt er höchst bescheiden
Im Rebenhag der eignen Leiden
Und keltert sich, in milder Sonne
Gereift, den Wein der eignen Wonne.

EINLEUCHTENDE ERKLÄRUNG

Ein Mensch, der sich sehr schlecht benahm,
Spürt zwar in tiefster Seele Scham.
Jedoch, sofern er kein Gerechter,
Benimmt er fortan sich noch schlechter,
Weil du für seine falsche List
Ein, wenn auch stummer, Vorwurf bist.
Dies ist der Grundsatz, dem er huldigt:
»Es klagt sich an, wer sich entschuldigt!«
Auch ist ihm dieser Wahlspruch lieb:
»Die beste Abwehr ist der Hieb!«
Und, da er dich einmal beleidigt,
Bleibt ihm nur, daß er sich verteidigt,
Indem er, sich in dir betrachtend,
In dir sein Spiegelbild verachtend,
Dasselbe zielbewußt verrucht
Endgültig zu zertrümmern sucht.

SEELISCHE GESUNDHEIT

Ein Mensch frißt viel in sich hinein:
Mißachtung, Ärger, Liebespein.
Und jeder fragt mit stillem Graus:
Was kommt da wohl einmal heraus?
Doch sieh! Nur Güte und Erbauung.
Der Mensch hat prächtige Verdauung.

LEBENSGEFÜHL

Ein Mensch weiß aus sich selbst nicht gleich,
Was heiß und kalt, was hart und weich.
Doch schon bei einiger Bejahrung
Hat er die nötige Erfahrung.
Er lernt dann oft mit Hilfe Dritter,
Daß Hoffnung süß, Enttäuschung bitter,
Daß Arbeit sauer, Alltag fade,
Kurz, des Geschmackes höhere Grade.
Doch wie schlechthin das Leben schmeckt,
Hat bis zum Tod er nicht entdeckt.

GRENZFALL

Ein Mensch war eigentlich ganz klug
Und schließlich doch nur klug genug,
Um einzusehen, schmerzlich klar,
Wie blöd er doch im Grunde war.
Unselig zwischen beiden Welten,
Wo Weisheit und wo Klugheit gelten,
Ließ seine Klugheit er verkümmern
Und zählt nun glücklich zu den Dümmern.

DAS MITLEID

Ein Mensch, den andre nicht gern mögen,
Den von des Lebens Futtertrögen
Die Glücklicheren, die Starken, Großen
Schon mehr als einmal fortgestoßen,
Steht wieder mal, ein armes Schwein,
Im Kampf ums Dasein ganz allein.
Daß er uns leid tut, das ist klar:
Sofern es u n s e r Trog nicht war ...

VORSCHLAG

Ein Mensch, der es zwar täglich sieht,
Was alles auf der Welt geschieht,
Und ders erfuhr durch eigne Qual,
Die Erde sei ein Jammertal,
Möcht doch, der armen Welt zum Spott,
So herrlich leben wie ein Gott.
Doch ist dann meist die Sache die:
Er stirbt noch schlechter als ein Vieh.
Er sollte nur die Kunst erwerben,
Als Mensch zu leben und zu sterben.

FÜR WANKELMÜTIGE

Ein Mensch, der alle Menschen plagt
Und sie um ihre Meinung fragt,
Was sie an seiner Stelle täten,
Steht nun bepackt mit guten Räten
Und ist mit weggeliehnem Ohr
Noch unentschlossner als zuvor.
Denn dies ist seines Unglücks Quelle,
Daß keiner ja an seiner Stelle,
Wo es um die Entscheidung geht,
Von jenen andern wirklich steht,
Nein, daß ein jeder nur die Gründe
Erwogen, falls er dorten stünde.
Der Mensch zieht draus den klaren Schluß,
Daß man sich selbst entscheiden muß.

FÜR FORTSCHRITTLER

Ein Mensch liest staunend, fast entsetzt,
Daß die moderne Technik jetzt
Den Raum, die Zeit total besiegt:
Drei Stunden man nach London fliegt.
Der Fortschritt herrscht in aller Welt.
Jedoch, der Mensch besitzt kein Geld.
Für ihn liegt London grad so weit
Wie in der guten alten Zeit.

Für Moralisten

Ein Mensch hat eines Tags bedacht,
Was er im Leben falsch gemacht,
Und fleht, genarrt von Selbstvorwürfen,
Gutmachen wieder es zu dürfen.
Die Fee, die zur Verfügung steht,
Wenn sichs, wie hier, um Märchen dreht,
Erlaubt ihm dann auch augenblicks
Die Richtigstellung des Geschicks.
Der Mensch besorgt dies äußerst gründlich,
Merzt alles aus, was dumm und sündlich.
Doch spürt er, daß der saubern Seele
Ihr innerlichstes Wesen fehle,
Und scheußlich gehts ihm auf die Nerven:
Er hat sich nichts mehr vorzuwerfen,
Und niemals wird er wieder jung
Im Schatten der Erinnerung.
Dummheiten, fühlt er, gibts auf Erden
Nur zu dem Zweck, gemacht zu werden.

KLEINER UNTERSCHIED

Ein Mensch, dem Unrecht offenbar
Geschehn von einem andern war,
Prüft, ohne eitlen Eigenwahn:
Was hätt in dem Fall ich getan?
Wobei er festgestellt, wenns auch peinlich:
Genau dasselbe, höchstwahrscheinlich.
Der ganze Unterschied liegt nur
In unsrer menschlichen Natur,
Die sich beim Unrecht-Leiden rührt,
Doch Unrecht-Tun fast gar nicht spürt.

LEBENSZWECK

Ein Mensch, der schon als kleiner Christ
Weiß, wozu er geschaffen ist:
»Um Gott zu dienen hier auf Erden
Und ewig selig einst zu werden!« –
Vergißt nach manchem lieben Jahr
Dies Ziel, das doch so einfach war,
Das heißt, das einfach nur geschienen:
Denn es ist schwierig, Gott zu dienen.

Mensch und Unmensch

Ein Mensch nimmt, guten Glaubens, an,
Er hab das Äußerste getan.
Doch leider Gotts versäumt er nun,
Auch noch das Innerste zu tun.

ABENTEUER
UND ALLTÄGLICHKEITEN

DIE VERGESSLICHEN

Ein Mensch, der sich von Gott und Welt
Mit einem andern unterhält,
Muß dabei leider rasch erlahmen:
Vergessen hat er alle Namen!
»Wer wars denn gleich, Sie wissen doch ...
Der Dings, naja, wie hieß er noch,
Der damals, gegen Ostern gings,
In Dings gewesen mit dem Dings?«
Der andre, um im Bild zu scheinen,
Spricht mild: »Ich weiß schon, wen Sie meinen!«
Jedoch, nach längerm hin und her,
Sehn beide ein, es geht nicht mehr.
Der Dings in Dingsda mit dem Dings
Zum Rätsel wird er bald der Sphinx
Und zwingt die zwei sonst gar nicht Dummen,
Beschämt und traurig zu verstummen.

Ein Lebenslauf

Ein Mensch verehrt, von Liebe blind,
Ein (leider unbarm-) herziges Kind.
Er opfert, nur daß er gefällt,
Ein (leider schauder-) bares Geld
Und wagt, daß er gewinn ihr Herz
Manch (leider aussichts-) losen Scherz.
Die Frau verlacht den Menschen oft,
Der (leider unan-) sehnlich hofft,
Und grade, weil sie abgeneigt,
Sich (leider unge-) hörig zeigt.
Doch wird sie – ach, die Zeit geht weiter –
Nun (leider unan-) ständig breiter
Und, fürchtend, daß sie sitzen bleib,
Sein (leider ange-) trautes Weib.
Der Mensch, zu spät mit ihr beschenkt,
Bald (leider nega-) tiefer denkt:
Er fiel, nur Narr der eignen Pein,
Hier (leider unab-) sichtlich rein.
Das Glück war zu der Stunde gar,
Wos (leider unwill-) kommen war.

DER UNVERHOFFTE GELDBETRAG

Ein Mensch ergeht sich in Lobpreisung:
Man schickte ihm per Postanweisung
Ein nettes Sümmchen, rund und bar,
Auf das nicht mehr zu rechnen war.
Der Mensch hat nun die demgemäße
Einbildung, daß er Geld besäße
Und will sich dies und jenes kaufen
Und schließlich noch den Rest versaufen.
Doch sieh, schon naht sich alle Welt,
Als röche sie, der Mensch hat Geld!
Es kommen Schneider, Schuster, Schreiner
Und machen ihm das Sümmchen kleiner,
Es zeigen Krämer, Bäcker, Fleischer
Sich wohlgeübt als Bargeldheischer,
Dann macht das Gas, das Licht, die Miete
Den schönen Treffer fast zur Niete.
Vernommen hat die Wundermär
Auch der Vollstreckungssekretär,
(Es ist derselbe, den man früher
Volkstümlich hieß Gerichtsvollzieher.)
Und von der Gattin wird der Rest
Ihm unter Tränen abgepreßt.
Der Mensch, Geld kurz gehabt nur habend,
Verbringt zu Hause still den Abend.

HALLOH!

Ein Mensch geht fürbaß, wanderfroh ...
Da ruft es hinter ihm: Halloh!
Der Mensch, obwohls ihn heimlich reißt,
Denkt stolz, daß er »Halloh« nicht heißt
Und hat drum, kalt und selbstbewußt,
Darauf zu achten, keine Lust.
Halloh! Halloh! Das laute Brüllen
Beginnt ihn jetzt mit Grimm zu füllen.
Von Anstand, denkt er, keine Spur
In Gottes herrlicher Natur!!
Er hört nicht mehr, in seinem Zorn,
Was hinter ihm hallont, verworrn ...
Jetzt, endlich, ist es ringsum still,
So daß der Mensch hier rasten will.
Doch sticht, der Leser wird es ahnen,
Ihn die aus besseren Romanen
Bekannte giftige Tarantel:
Er nimmt vom Rucksack seinen Mantel
Und, was der Leser kommen sah,
Der Mantel, der ist nicht mehr da!
Der Mensch erkennt, daß ihm gegolten
Das Rufen, das er so gescholten:
Er rast zurück und schmettert roh
In Gottes Welt: Halloh, Halloh!

DER URLAUB

Ein Mensch, vorm Urlaub, wahrt sein Haus,
Dreht überall die Lichter aus,
In Zimmern, Küche, Bad, Abort –
Dann sperrt er ab, fährt heiter fort.
Doch jäh, zu hinterst in Tirol,
Denkt er voll Schrecken: »Hab ich wohl?«
Und steigert wild sich in den Wahn,
Er habe dieses *nicht* getan.
Der Mensch sieht, schaudervoll, im Geiste,
Wie man gestohlen schon das meiste,
Sieht Türen offen, angelweit.
Das Licht entflammt die ganze Zeit!
Zu klären solchen Sinnentrug,
Fährt heim er mit dem nächsten Zug
Und ist schon dankbar, bloß zu sehn:
Das Haus blieb wenigstens noch stehn!
Wie er hinauf die Treppen keucht:
Kommt aus der Wohnung kein Geleucht?
Und plötzlich ists dem armen Manne,
Es plätschre aus der Badewanne!
Die Ängste werden unermessen:
Hat er nicht auch das Gas vergessen?
Doch nein! Er schnuppert, horcht und äugt
Und ist mit Freuden überzeugt,
Daß er – hat ers nicht gleich gedacht? –
Zu Unrecht Sorgen sich gemacht.
Er fährt zurück und ist nicht bang. –
Jetzt brennt das Licht vier Wochen lang.

DAS HILFSBUCH

Ein Mensch, nichts wissend von »Mormone«
Schaut deshalb nach im Lexikone
Und hätt es dort auch rasch gefunden –
Jedoch er weiß, nach drei, vier Stunden
Von den Mormonen keine Silbe –
Dafür fast alles von der Milbe,
Von Mississippi, Mohr und Maus:
Im ganzen »M« kennt er sich aus.
Auch was ihn sonst gekümmert nie,
Physik zum Beispiel und Chemie,
Liest er jetzt nach, es fesselt ihn:
Was ist das: Monochloramin?
»Such unter Hydrazin«, steht da.
Schon greift der Mensch zum Bande »H«
Und schlägt so eine neue Brücke
Zu ungeahntem Wissensglücke.
Jäh fällt ihm ein bei den Hormonen
Er sucht ja eigentlich: Mormonen!
Er blättert müd und überwacht:
Mann, Morpheus, Mohn und Mitternacht...
Hätt weiter noch geschmökert gern,
Kam bloß noch bis zum Morgenstern
Und da verneigte er sich tief
Noch vor dem Dichter – und – entschlief.

ORDNUNG

Ein Mensch, mit furchtbar vielen Sachen,
Will eines Tages Ordnung machen.
Doch dazu muß er sich bequemen,
Unordnung erst in Kauf zu nehmen:
Auf Tisch, Stuhl, Flügel, Fensterbrettern
Ruhn ganze Hügel bald von Blättern.
Denn will man Bücher, Bilder, Schriften
In die gemäße Strömung triften,
Muß man zurückgehn zu den Quellen,
Um gleiches gleichem zu gesellen.
Für solche Taten reicht nicht immer
Das eine, kleine Arbeitszimmer:
Schon ziehn durchs ganze Haus die kühnen
Papierig-staubigen Wanderdünen,
Und trotzen allen Spott und Hassen
Durch strenge Zettel: Liegen lassen!
Nur scheinbar wahllos ist verstreut,
Was schon als Ordnungszelle freut;
Doch will ein widerspenstig Päckchen
Nicht in des sanften Zwanges Jäckchen.
Der Mensch, der schon so viel gekramt,
An diesem Pack ist er erlahmt.
Er bricht, vor der Vollendung knapp,
Das große Unternehmen ab,
Verräumt, nur daß er auch wo liegt,
Den ganzen Wust: Das Chaos siegt!

IMMER UNGELEGEN

Ein Mensch, gemartert von der Hitze,
Fleht dürstend nach dem ersten Blitze.
Ein Wolkenbruch wär selbst gesegnet:
Zwölf Wochen lang hats nicht geregnet.
Jetzt endlich braut sich was zusammen:
Es schlagen die Gewitterflammen
Schon in den Himmel eine Bresche –
Doch, wie?! Der Mensch hat große Wäsche!
Nur heute, lieber Gott, halt ein
Und laß nochmal schön Wetter sein!
Der Tod, der Gläubiger, der Regen
Die kommen immer ungelegen:
Rechtzeitig zweifellos an sich –
Doch nie zur rechten Zeit für Dich!

Die Postkarte

Ein Mensch vom Freund kriegt eine Karte,
Daß er sein Kommen froh erwarte;
Und zwar (die Schrift ist herzlich schlecht!)
Es sei ein jeder Tag ihm recht.
Der Kerl schreibt, wie mit einem Besen!
Zwei Worte noch, die nicht zum Lesen!
Der Mensch fährt unverzüglich ab –
Des Freundes Haus schweigt wie ein Grab.
Der Mensch weiß drauf sich keinen Reim,
Fährt zornig mit dem Nachtzug heim.
Und jetzt entdeckt er – welch ein Schlag!
Der Rest hieß: »Außer Donnerstag!«

HERSTELLT EUCH!

Ein Mensch hat einen andern gern;
Er kennt ihn, vorerst, nur von fern
Und sucht, in längerm Briefewechseln
Die Sache nun dahin zu drechseln,
Daß man einander bald sich sähe
Und kennen lernte aus der Nähe.
Der Mensch, erwartend seinen Gast,
Vor Freude schnappt er über fast.
Die beiden, die in manchem Briefe
Sich zeigten voller Seelentiefe,
Sie finden nun, vereinigt häuslich,
Einander unausstehlich scheußlich.
Sie trennen bald sich, gall- und giftlich –
Und machens seitdem wieder schriftlich.

VORSICHT!

Ein Mensch wähnt, in der fremden Stadt,
Wo er Bekannte gar nicht hat,
In einem Viertel, weltverloren,
Dürft ungestraft er Nase bohren,
Weil hier, so denkt er voller List,
Er ja nicht der ist, der er ist.
Zwar er entsinnt sich noch entfernt
Des Spruchs, den er als Kind gelernt:
»Ein Auge ist, das alles sieht,
Auch was in finstrer Nacht geschieht!«
Doch hält er dies für eine Phrase
Und bohrt trotzdem in seiner Nase.
Da rufts – er möcht versinken schier –
»Herr Doktor, was tun Sie denn hier?«
Der Mensch muß, obendrein als Schwein,
Der, der er ist, nun wirklich sein.
Moral: Zum Auge Gottes kann
Auf Erden werden jedermann.

BROTLOSE KÜNSTE

Ein Mensch treibt eine rare Kunst,
Von der kaum wer hat einen Dunst.
Der Welt drum scheint sie zu geringe,
Als daß, selbst wenn nach Brot sie ginge,
Sie dieses Brot sich könnt erwerben –
Doch Gott läßt diese Kunst nicht sterben.
Nie könnt sie ihren Meister nähren,
Würd der sie nicht die Jünger lehren,
Die, selber brotlos, wiederum
Beibringen sie den Jüngsten drum.
So brennt die Kunst, als ewiges Licht,
Durch fortgesetzten Unterricht.

EINSCHRÄNKUNG

Ein Mensch von Milde angewandelt,
Will, daß man Lumpen zart behandelt,
Denn, überlegt man sichs nur reiflich,
Spitzbübereien sind begreiflich.
Den Kerl nur, der ihm selbst einmal
Die goldne Uhr samt Kette stahl,
Den soll – an Nachsicht nicht zu denken! –
Man einsperrn, prügeln, foltern, henken!

DAS FERNGESPRÄCH

Ein Mensch spricht fern, geraume Zeit,
Mit ausgesuchter Höflichkeit,
Legt endlich dann, mit vielen süßen
Empfehlungen und besten Grüßen
Den Hörer wieder auf die Gabel –
Doch tut er nochmal auf den Schnabel
(Nach all dem freundlichen Gestammel)
Um dumpf zu murmeln: Blöder Hammel!
Der drüben öffnet auch den Mund
Zu der Bemerkung: Falscher Hund!
So einfach wird oft auf der Welt
Die Wahrheit wieder hergestellt.

SCHLECHTER TROST

Ein Mensch glaubt, daß in seiner Stadt
Es Lumpen mehr als sonstwo hat.
Doch gibts noch größre, weit entfernt –
Nur, daß er die nicht kennen lernt!

Die Meister

Ein Mensch sitzt da, ein schläfrig trüber,
Ein andrer döst ihm gegenüber.
Sie reden nichts, sie stieren stumm.
Mein Gott, denkst Du, sind die zwei dumm!
Der eine brummt, wie nebenbei
Ganz langsam: T c 6 – c 2.
Der andre wird allmählich wach
Und knurrt: D – a 3 – g 3: Schach!
Der erste, weiter nicht erregt,
Starrt vor sich hin und überlegt.
Dann plötzlich, vor Erstaunen platt,
Seufzt er ein einzig Wörtlein: Matt!
Und die Du hieltst für niedre Geister,
Erkennst Du jetzt als hohe Meister!

DER PROVINZLER

Ein Mensch in einer kleinen Stadt,
Wo er sonst keinen Menschen hat, –
Und, Gottlob, nur drei Tage bleibt –
Mit einem sich die Zeit vertreibt,
Der, ortsgeschichtlich sehr beschlagen,
Ihm eine Menge weiß zu sagen,
Ihn in manch gutes Wirtshaus führend,
Kurz, sich benehmend einfach rührend.
»Wenn Sie einmal nach München kommen...«
Schwupps, ist er schon beim Wort genommen:
Der Mann erscheint, der liebe Gast –
Und wird dem Menschen schnell zur Last.
Man ist um solche Leute froh –
Doch nur in Sulzbach oder wo.

So und so

Ein Mensch, der knausernd, ob ers sollte,
Ein magres Trinkgeld geben wollte,
Vergriff sich in der Finsternis
Und starb fast am Gewissensbiß.
Der andre, bis ans Lebensende,
Berichtet gläubig die Legende
Von jenem selten noblen Herrn –
Und alle Leute hörens gern.
Ein zweiter Mensch, großmütig, fein,
Schenkt einem einen größern Schein.
Und der, bis an sein Lebensende
Verbreitet höhnisch die Legende
Von jenem Tölpel, der gewiß
Getäuscht sich in der Finsternis. –

Für Ungeübte

Ein Mensch, der voller Neid vernimmt,
Daß alle Welt im Gelde schwimmt,
Stürzt in den raschen Strom sich munter,
Doch siehe da: Schon geht er unter!
Es müssen – wie's auch andre treiben –
Nichtschwimmer auf dem Trocknen bleiben!

DER HEIMWEG

Ein Mensch, aus purer Höflichkeit,
Begleitet einen andern weit.
Nur manchmal, mitten unterm Plaudern
Bleibt er kurz stehn und scheint zu zaudern.
Dann waten die zwei Heimbegleiter
In ihrem Tiefsinn wieder weiter.
Nur manchmal zögert jetzt der andre,
Als wüßt er nicht, wohin man wandre.
Dann aber folgt er, mild entschlossen,
Dem wegbewußteren Genossen.
Nun stehn sie draußen vor der Stadt,
Wo keiner was verloren hat.
Moral: (Zur Zeit- und Stiefelschonung)
Man frage vorher nach der Wohnung!

MÄDEN AGAN

Ein Mensch, nicht mit Gefühlen geizend,
Scheint auf den ersten Blick uns reizend.
Bald aber geht es uns zu weit:
Er überströmt von Herzlichkeit
Und strömt und strömt so ungehemmt,
Daß er die Menschen von sich schwemmt.
Und jeder flieht, sieht er den Guten
Von weitem nur vorüberfluten.

EINLADUNGEN

Ein Mensch, der einem, den er kennt,
Gerade in die Arme rennt,
Fragt: »Wann besuchen Sie uns endlich?!«
Der andre: »Gerne, selbstverständlich!«
»Wie wär es«, fragt der Mensch, »gleich morgen?«
»Unmöglich, Wichtiges zu besorgen!«
»Und wie wärs Mittwoch in acht Tagen?«
»Da müßt ich meine Frau erst fragen!«
»Und nächsten Sonntag?« »Ach wie schade,
Da hab ich selbst schon Gäste grade!«
Nun schlägt der andre einen Flor
Von hübschen Möglichkeiten vor.
Jedoch der Mensch muß drauf verzichten,
Just da hat er halt andre Pflichten.
Die Menschen haben nun, ganz klar,
Getan, was menschenmöglich war
Und sagen drum: »Auf Wiedersehn,
Ein andermal wirds dann schon gehen!«
Der eine denkt, in Glück zerschwommen:
»Dem Trottel wär ich ausgekommen!«
Der andre, auch in siebten Himmeln:
»So gilts, die Wanzen abzuwimmeln!«

Der Weise

Ein Mensch, den wüst ein Unmensch quälte,
Der lang und breit ihm was erzählte,
Und der drauf, zu erfahren, zielte,
Was er, der Mensch, wohl davon hielte,
Sprach, kratzend sich am Unterkiefer:
»Ich glaub, die Dinge liegen tiefer!«
Gestürzt in einen Streit, verworrn,
Der, nutzlos, anhub stets von vorn,
Bat er, sich räuspernd, zu erwägen,
Ob nicht die Dinge tiefer lägen.
Ja, selbst den Redner auf der Bühne
Trieb, zwischenrufend, dieser Kühne
Vor seines Geistes scharfe Klinge:
»Es liegen tiefer wohl die Dinge!«
Der Mensch hat, ohne je den Leuten
Die Tiefen auch nur anzudeuten,
Es nur durch dieses Wortes Macht
Zum Ruhm des Weisen längst gebracht.

Für Vorsichtige

Ein Mensch ist ahnungsvoll und klug:
Er wittert überall Betrug.
Und grad, was scheinbar leicht zu packen –
Schau an, das Ding hat seinen Haken!
Doch lernt der Mensch aus manchem Fall:
Der Haken sitzt nicht überall.
Denn immer wieder sieht er Leute
Recht sicher abziehn mit der Beute.
Der Mensch beim nächsten fetten Happen
Entschließt sich, herzhaft mitzuschnappen
Und freut sich über den Gewinn –
Denn sieh, es war kein Haken drin ...
Wahrhaftig nicht? Wer kanns verbürgen?
Der arme Mensch fängt an zu würgen
Bis er aus Angst den Brocken spuckt,
Den fetten, statt daß er ihn schluckt.
Ja, dem, der an den Haken glaubt,
Ist, anzubeißen, nicht erlaubt!

LEBHAFTE UNTERHALTUNG

Ein Mensch, von Redeflut umbrandet,
Hätt seine Weisheit gern gelandet,
Ein feines Wort, mit Witz gewürzt ...
Jedoch, die Unterhaltung stürzt
Dahin und treibt samt seinem Wort
Ihn wild ins Uferlose fort.
Er schreit: »Darf ich dazu bemerken ...«
Doch schon mit neuen Sturmwindstärken
Wird vom Gespräch, das braust und sprudelt,
Gewaltsam er hinweggetrudelt.
Er schnappt nach Luft und möchte sprechen,
Doch immer neue Sturzseen brechen
Auf ihn herein, er muß ertrinken,
Kann bloß noch mit den Händen winken
Und macht zuletzt nur noch den matten
Versuch, zu keuchen: »Sie gestatten ...«
Schiffbrüchig an sein Wort geklammert,
Der Mensch jetzt endlich einen jammert,
Der ihn aus des Gespräches Gischt
Im letzten Augenblicke fischt,
Gewissermaßen packt beim Kragen:
»Sie wollten, glaub ich, auch was sagen?!«
Das Sturmgespräch hat ausgewittert:
Der Mensch schweigt witzlos und verbittert ...

PECH

Ein Mensch, geschniegelt und gebügelt,
Geht durch die Stadt, vom Wunsch beflügelt,
Daß er, als angesehner Mann
Auch angesehn wird, dann und wann.
Jedoch der Gang bleibt ungesegnet:
Dem Menschen ist kein Mensch begegnet.
Geflickt, zerrauft, den Kragen nackt,
Mit einem Rucksack wüst bepackt,
Den Mund mit Schwarzbeermus verschmiert
Und, selbstverständlich, schlecht rasiert,
Hofft unser Mensch, nach ein paar Tagen,
Sich ungesehen durchzuschlagen.
Jedoch vergeblich ist dies Hoffen:
Was treffbar ist, wird angetroffen!
Ein General, ein Präsident,
Dem Menschen in die Arme rennt,
Die Jungfrau, die er still verehrt,
Errötend seine Spuren quert.
Zuletzt – der liebe Gott verschon ihn! –
Kommt, mit dem Hörrohr, die Baronin:
Und jedermann bleibt stehn und schaut,
Warum der Lümmel schreit so laut.
Der Mensch, schon im Verfolgungswahn,
Schlüpft rasch in eine Straßenbahn
Um sich, samt seinen heutigen Mängeln,
Dem Blick Bekannter zu entschlängeln.
Hier, wo er sich geborgen meint,
Steht stumm sein alter Jugendfeind.
Sein Auge fragt, als wollt es morden:
»Na, Mensch, was ist aus Dir geworden!?«

DER BESUCH

Ein Mensch kocht Tee und richtet Kuchen:
Ein holdes Weib wird ihn besuchen –
Der Kenner weiß, was das bedeutet!
Ha, sie ist da: es hat geläutet.
Doch weh! Hereintritt, sonngebräunt
Und kreuzfidel ein alter Freund,
Macht sichs gemütlich und begrüßt,
Daß Tee ihm den Empfang versüßt;
Und gar, daß noch ein Mädchen käm
Ist ihm, zu hören, angenehm
Und Anlaß zu recht rohen Witzen.
Der arme Mensch beginnt zu schwitzen
Und sinnt, wie er den Gast vertreibt,
Der gar nichts merkt und eisern bleibt.
Es schellt – die Holde schwebt herein:
Oh, haucht sie, wir sind nicht allein?!
Doch heiter teilt der Freund sich mit,
Daß er es reizend find zu dritt.
Der Mensch, zu retten noch, was bräutlich,
Wird aus Verzweiflung endlich deutlich.
Der Freund geht stolz und hinterläßt
Nur einen trüben Stimmungsrest:
Die Jungfrau ist zu Zärtlichkeiten
Für diesmal nicht mehr zu verleiten.

BLUMEN

Ein Mensch, erkrankt schier auf den Tod
An Liebe, ward mit knapper Not
Gerettet noch von einer Mimin,
Die sich ihm hingab als Intimin.
Noch wild erfüllt von Jubelbraus
Geht er in tiefer Nacht nach Haus;
Er dampft vor Dankbarkeit und Wonne,
Ein jeder Stern wird ihm zur Sonne:
Ha! Morgen stellt er um den Engel
Gleich hundert Orchideenstengel ...
Er wird, und sollts ihn auch zerrütten,
Das Weib mit Rosen überschütten ...
Nicht Rosen, nein, die schnell verwelken –
Er bringt ihr einen Büschel Nelken ...
Sollt man nicht jetzt, im Winter nehmen
Vier, drei, zwei schöne Chrysanthemen?
Wie wär es, denkt er hingerissen,
Mit Tulpen oder mit Narzissen?
Entzückend ist ein Primelstöckchen;
Süß sind des Lenzes erste Glöckchen.
Doch damit, ach, ist sein Gemüt
Denn auch so ziemlich abgeblüht.
Er sinkt ins Bett und träumt noch innig:
Ein Veilchenstrauß, das wäre sinnig ...

Zu spät

Ein Mensch, daß er sie nicht vergesse,
Hat aufgeschrieben die Adresse
Auf eine alte Streichholzschachtel:
Da steht nun deutlich: Erna Spachtel,
Theresienstraße Numero sieben –
Doch, wozu hat ers aufgeschrieben?
Wer ist das Weib? Was sollte sein?
Er grübelt lang – nichts fällt ihm ein.
Dient sie verruchter Liebeslust?
Er ist sich keiner Schuld bewußt.
Ist heil- sie oder sternenkundig?
Schwarzhandelt sie am Ende pfundig?
Wenn schon nicht niedre Erdenwonne –
Verabreicht sie wohl Höhensonne?
Doch er kann bohren, wie er mag,
Er bringt es nicht mehr an den Tag.
Er wirft daher, weil ohne Zweck,
Die Schachtel samt Adresse weg.
Das hätt er besser nicht getan;
Er zieht sein frisches Nachthemd an
Und schon fällts ein ihm mit Entsetzen,
Daß seine Wäsche ganz in Fetzen.
Nicht Wunschmaid oder Seherin –
Das Weib war einfach Näherin,
Und hätt ihm Hemden flicken sollen.
Zu spät – ihr Name bleibt verschollen.

VERGEBLICHER EIFER

Ein Mensch, der nach Italien reiste,
Blieb doch verbunden stets im Geiste
Daheim mit seinen Lieben, zärtlich,
Was er auch kundtat, ansichtskärtlich:
Gleich bei der Ankunft in Neapel
Läßt dreißig Karten er vom Stapel
Und widmet ähnlichem Behufe
Sich auf dem Wege zum Vesuve.
Schreibt allen, die er irgend kennt
Aus Capri, Paestum und Sorrent,
Beschickt befreundete Familien
Mit Kartengrüßen aus Sizilien,
An Hand von Listen schießt der Gute
Aus Rom unendliche Salute,
An Vorgesetzte, Untergebne
Schreibt er aus der Campagna-Ebne
Und ist nun endlich, in Firenze
Beinah an der Verzweiflung Grenze.
Kaum kam er, bei dem Amt, dem wichtigen,
Dazu, auch selbst was zu besichtigen.
Jetzt erst, verlassend schon Venedig,
Hält er sich aller Pflicht für ledig:
Reist heim, damit er gleich, als Neffe,
Die, ach!, vergessne Tante treffe:
»Kein Mensch denkt an uns alte Leut –
Ein Kärtchen hätt mich auch gefreut!«

GESCHEITERTE SAMMLUNG

Ein Mensch – er freut sich drauf, und wie! –
Geht in die fünfte Sinfonie.
Wie liebt er grad den ersten Satz!
Er setzt sich still auf seinen Platz,
Daß ganz er dem Genuß sich weihe ...
Ein Herr grüßt aus der dritten Reihe.
Der Mensch, wohl wissend, daß ern kenn,
Denkt flüchtig bloß, wie heißt er denn?
Worauf er fromm die Augen schließt,
Damit Musik sich in ihn gießt.
Kaum hebt den Stab der Zappelmann,
Schon geht bei ihm der Rappel an:
Wie rast der Geigen Glanzgeschwirre –
Der Mann heißt Fuld, wenn ich nicht irre!
Trompeten holt des Meisters Wink
Zu wilder Pracht – der Mann heißt Fink!
Wie steigt der Melodien Wuchs
Aus Zaubertiefen – er heißt Fuchs!
Wie klagt so süß ein Flötenlauf –
Der Mensch, er kommt und kommt nicht drauf.
Posaunen strahlen des Gerichts –
Mit Fuchs ist es natürlich nichts.
Horch, des Finales stolzer Prunk –
Funk heißt er, selbstverständlich, Funk!
Des Menschen Kopf ist wieder frei:
Die Sinfonie ist auch vorbei ...

ZEITGENÖSSISCHE ENTWICKLUNG

Ein Mensch sitzt da und schreibt vergnügt,
Sein Fleiß ist groß und das genügt.
Doch bald hat er sich angeschafft
Die erste Schreibmaschinenkraft;
Das langt nach kurzer Zeit nicht mehr,
Es müssen noch zwei andre her,
Desgleichen wer fürs Telefon,
Auch wird ein Diener nötig schon,
Ein Laufbursch und, es währt nicht lang,
Ein Fräulein eigens für Empfang.
Nun kommt noch ein Bürovorsteher –
Jetzt, meint der Mensch, ging es schon eher.
Doch fehlt halt noch ein Hauptbuchhalter
Sowie ein Magazinverwalter.
Sechs Kräfte noch zum Listen führen –
Da kann man sich schon besser rühren.
Doch reichen nun, man sahs voraus,
Die Tippmamsellen nicht mehr aus.
Bei Angestellten solcher Zahl
Brauchts einen Chef fürs Personal;
Der wiedrum, soll er wirksam sein,
Stellt eine Sekretärin ein.
Die Arbeit ist im Grunde zwar
Die gleiche, die sie immer war,
Doch stilgerecht sie zu bewältigen,
Muß man die Kraft verhundertfältigen.
Der Mensch, der folgerichtig handelt,
Wird zur Behörde so verwandelt.

DAS HAUS

Ein Mensch erblickt ein neiderregend
Vornehmes Haus in schönster Gegend.
Der Wunsch ergreift ihn mit Gewalt:
Genau so eines möcht er halt!
Nur dies und das, was ihn noch störte,
Würd anders, wenn es ihm gehörte;
Nur wär er noch viel mehr entzückt
Stünd es ein wenig vorgerückt ...
Kurz, es besitzend schon im Geiste,
Verändert traumhaft er das meiste.
Zum Schluß möcht er (gesagt ganz roh)
Ein andres Haus – und anderswo.

NÄCHTLICHES ERLEBNIS

Ein Mensch, der nachts schon ziemlich spät
An ein verworfnes Weib gerät,
Das schmelzend Bubi zu ihm sagt
Und ihn mit wilden Wünschen plagt,
Fühlt zwar als Mann sich süß belästigt,
Jedoch im Grund bleibt er gefestigt
Und läßt, bedenkend die Gebühren,
Zur Ungebühr sich nicht verführen.
Doch zugleich sparsam und voll Feuer
Bucht er das dann als Abenteuer.

VERSÄUMTER AUGENBLICK

Ein Mensch, der beinah mit Gewalt
Auf ein sehr hübsches Mädchen prallt,
Ist ganz verwirrt; er stottert, stutzt
Und läßt den Glücksfall ungenutzt.
Was frommt der Geist, der aufgespart,
Löst ihn nicht Geistesgegenwart?
Der Mensch übt nachts sich noch im Bette,
Wie strahlend er gelächelt hätte.

DER BRANDSTIFTER

Ein Mensch, den friert, beliebt zu scherzen
Mit eines Weibes heißem Herzen.
Kaum geht er mit dem Weib zu zweit
Geht er natürlich gleich zu weit.
Jedoch, sobald er nun erkennt,
Daß jene schon gefährlich brennt,
Benützt er seinen innern Knax
Als sozusagen Minimax.
Die Jungfrau, die schon stark verkohlt,
Sich davon nie mehr ganz erholt.
Den Menschen kommt der Fall nicht teuer:
Er ist versichert gegen Feuer.

(Hoffentlich nur)

ERINNERUNGEN 1933–1948

EINSICHT

Ein Mensch beweist uns klipp und klar,
Daß er es eigentlich nicht war.
Ein andrer Mensch mit Nachdruck spricht:
Wer es auch sei – ich war es nicht!
Ein dritter läßt uns etwas lesen,
Wo drinsteht, daß ers nicht gewesen.
Ein vierter weist es weit von sich:
Wie? sagt er, was? Am Ende ich?
Ein fünfter überzeugt uns scharf,
Daß man an ihn nicht denken darf.
Ein sechster spielt den Ehrenmann,
Der es gewesen nicht sein kann.
Ein siebter – kurz, wir sehens ein:
Kein Mensch will es gewesen sein.
Die Wahrheit ist in diesem Falle:
Mehr oder minder warn wirs alle!

ÜBERRASCHUNGEN

Ein Mensch dem Sprichwort Glauben schenkt:
'S kommt alles anders, als man denkt –
Bis er dann die Erfahrung macht:
Genau so kams, wie er gedacht.

GETEILTES LEID

Ein Mensch, der weiß, geteiltes Leid
Ist halbes, hätt gern, ohne Neid,
Sein Leid den andern mit-geteilt,
Doch, wen er anspricht, der enteilt:
»Von einem Amt zum andern renn ich –«
Der andre sagt nur: »Kenn ich, kenn ich!«
»Was meinen Sie, die Beine reiß ich
Mir aus um Kohlen!« »Weiß ich, weiß ich!«
»Um Salz die ganze Stadt durchtrab ich –
Hast Du 'ne Ahnung!« »Hab ich, hab ich!«
»Den Eindruck langsam schon gewinn ich,
Daß ich verrückt werd!« »Bin ich, bin ich!«
»Und all die Sorgen, schon rein häuslich!«
»Ja«, seufzt der andre, »scheußlich, scheußlich!«
Und will nicht weiter sich bequemen,
Dem Menschen Kummer abzunehmen,
Beziehungsweise, selbst mit Sorgen
Versorgt, ihm Lebensmut zu borgen.
Drum läuft ein jeder krumm und stumm
Allein mit seinem Kummer rum.

NUR

Ein Mensch, der, sagen wir, als Christ,
Streng gegen Mord und Totschlag ist,
Hält einen Krieg, wenn überhaupt,
Nur gegen Heiden für erlaubt.
Die allerdings sind auszurotten,
Weil sie des wahren Glaubens spotten!
Ein andrer Mensch, ein frommer Heide,
Tut keinem Menschen was zuleide,
Nur gegenüber Christenhunden
Wär jedes Mitleid falsch empfunden.
Der ewigen Kriege blutige Spur
Kommt nur von diesem kleinen »nur« ...

GRÜNDLICHE EINSICHT

Ein Mensch sah jedesmal noch klar:
Nichts ist geblieben so, wies war. –
Woraus er ziemlich leicht ermißt:
Es bleibt auch nichts so, wies grad ist.
Ja, heut schon denkt er, unbeirrt:
Nichts wird so bleiben, wies sein wird.

WELTGESCHICHTE

Ein Mensch las ohne weitres Weh
Daß einst zerstört ward Niniveh,
Daß Babylon, daß Troja sank ...
Und drückend die Lateinschul-Bank
Macht' einzig dies ihm Eindruck tief:
»Daß Ihr mir cum mit Konjunktiv
Im ganzen Leben nicht vergesset:
›Carthago cum deleta esset!‹«
Der Mensch stellt fest, der harmlos-schlichte:
»Je nun, das ist halt Weltgeschichte!«
Jetzt liegen Bücher, Möbel, Flügel
In Trümmern, unterm Aschenhügel.
Nicht eine Stadt, das ganze Reich
Ist Troja und Karthago gleich.
Doch, schwitzend bei der Hausaufgabe,
Frägt ihn vielleicht der Enkelknabe:
»Sag, ists so richtig: ›cum Europa
Deleta esset‹, lieber Opa?«

DIE LISTE

Ein Mensch, der ohne jeden Grund
Auf einer schönen Liste stund,
Stand dadurch zugleich hoch in Gnaden
Und ward geehrt und eingeladen.
Ein andrer Mensch, der auch von wem,
Gleichgültig, obs ihm angenehm,
Auf eine Liste ward gesetzt,
Bezahlt es mit dem Leben jetzt.
Moral ist weiter hier entbehrlich:
Auf Listen stehen, ist gefährlich.

EWIGES GESPRÄCH

Ein Mensch will, schon um zu vergessen,
Von andrem reden, als vom Essen.
Um zu verwischen jede Spur,
Spricht er von indischer Kultur.
Jedoch, schon dient ihm zum Beweise:
Die Inder nähren sich vom Reise.
Und das Gespräch schließt ab, wie immer:
Reis gibt es schon seit Jahren nimmer!

TABAKSORGEN

Ein Mensch, auf sein Tabakgebettel,
Kriegt nirgends nur ein Zigarettel.
Doch schickt, welch unverhofftes Glück,
Ein beinah Fremder fünfzig Stück
Ganz ohne Grund und ohne Bitten –
Ja, noch zum zweitenmal und dritten.
Das ist nun auch schon länger her –
Seitdem gibts überhaupt nichts mehr.
Der Mensch mit keinem Schnaufer denkt
All derer, die ihm nichts geschenkt;
Doch mehr und mehr muß ihn empören:
»Der Schuft läßt auch, scheints, nichts mehr hören!«

UNDANK

Ein Mensch, obwohl er selbst kaum satt,
Gibt gern vom Letzten, was er hat.
Jedoch der Dank für solche Gaben?
»Wie viel muß der gehamstert haben!«

UMSTÜRZE

Ein Mensch sieht wild die Menschheit grollen:
Paß auf! Jetzt kommt, was alle wollen!
Doch schau, die Klügern sind schon still:
'S kommt, was im Grunde keiner will.

LEGENDENBILDUNG

Ein Mensch, vertrauend auf sein klares
Gedächtnis, sagt getrost »So war es!«
Er ist ja selbst dabei gewesen –
Doch bald schon muß ers anders lesen.
Es wandeln sich, ihm untern Händen,
Wahrheiten langsam zu Legenden.
Des eignen Glaubens nicht mehr froh
Fragt er sich zweifelnd: »War es so?«
Bis schließlich überzeugt er spricht:
»Ich war dabei – so war es nicht!«

LEIDER

Ein Mensch, kein Freund der raschen Tat,
Hielt sich ans Wort: Kommt Zeit, kommt Rat.
Er wartete das Herz sich lahm –
Weil Unzeit nur und Unrat kam.

WUNDERLICH

Ein Mensch kanns manchmal nicht verstehn,
Trifft ein, was er vorausgesehn.

UNVERHOFFTER ERFOLG

Ein Mensch, am Schalter schnöd besiegt,
So daß er keine Stiefel kriegt,
Geht stracks zum Vorstand, wutgeladen,
Gewillt, zu toben, ohne Gnaden.
Er hält schon, voller Zorn und Haß
Die Lunte an sein Pulverfaß:
»Nein!« Wird er sagen, dieser Schuft –
Doch wart, dann geh ich in die Luft!
Der Vorstand aber spricht voll Ruh:
»Ja, Stiefel stehen Ihnen zu!«
Der Mensch, ganz baff, ja, kaum beglückt,
Hat still die Lunte ausgedrückt.
Doch weiß er nicht, den Bauch voll Groll,
Wohin er ihn entladen soll.
Obgleich er, was er wollt, erworben,
Ist ihm der ganze Tag verdorben.

WAHRSCHEINLICH

Ein Mensch hat, außer Redensarten,
Nicht mehr viel Schönes zu erwarten.

VERWANDLUNG

Ein Mensch erzählt uns, leicht verschwommen,
Daß er sich einwandfrei benommen, –
Das heißt, benehmen hätte sollen
Und wohl auch hätte haben wollen.
Nun wissen wir an dessen Statt,
Daß er sich schlecht benommen hat.
Doch seltsam: auch wir selber möchten,
Daß Wunsch und Wahrheit sich verflöchten
Und jener so, wie ers wohl wüßte,
Daß sich ein Mensch benehmen müßte,
Sich in der Tat benommen hätte ...
Und leicht erliegen wir der Glätte
Der immer kühnern Rednergabe:
Wie gut er sich benommen habe.

DAS SCHWIERIGE

Ein Mensch würd sich zufrieden geben
Damit, daß tragisch wird das Leben.
Das Schwierige liegt mehr an dem:
Es wird auch fad und unbequem.

Die Erbschaft

Ein Mensch begräbt zwei alte Tanten,
Verteilt ihr Gut an die Verwandten:
Erbtante man die eine nennt;
Viel Streit gabs schon ums Testament.
Was hatte sie? Ein schönes Haus –
Drei Wochen vorher brannt es aus
Und bringt jetzt nicht einmal mehr Miete. –
Die Erbschaft, kurz, war eine Niete.
Die andre Tante, die war ärmlich;
Den Kram, der sicher recht erbärmlich,
Ließ man dem Menschen, unbesehn –
Was konnte schon verloren gehn?
Nur sacht! Das Wichtigste gerade:
Neun Töpfe Himbeermarmelade,
Ein schweres Kübelchen voll Schmalz,
Ein bißchen Seife, Zucker, Salz,
Noch echter Zimt und echter Pfeffer –
Kurzum, die Erbschaft war ein Treffer!

ZUR WARNUNG

Ein Mensch, zu kriegen einen Stempel,
Begibt sich zum Beamten-Tempel
Und stellt sich, vorerst noch mit kalter
Geduld zum Volke an den Schalter.
Jedoch, wir wissen: Hoff – und Harren
Das machte manchen schon zum Narren.
Sankt Bürokratius, der Heilige,
Verachtet nichts so sehr wie Eilige.
Der Mensch, bald närrisch-ungeduldig
Vergißt die Ehrfurcht, die er schuldig,
Und, wähnend, daß er sich verteidigt,
Hat er Beamten schon beleidigt.
Er kriegt den Stempel erstens nicht,
Muß, zweitens, auf das Amtsgericht,
Muß trotz Entschuldigens und Bittens
Noch zehn Mark Strafe zahlen, drittens,
Muß viertens, diesmal ohne Zorn,
Sich nochmal anstellen, ganz von vorn,
Darf, fünftens, keine Spur von Hohn
Raushörn aus des Beamten Ton
Und darf sich auch nicht wundern, sechstens,
Wenn er kriegt Scherereien, nächstens.
Geduld hat also keinen Sinn,
Wenn sie uns abreißt, mittendrin.

GERECHTIGKEIT

Ein Mensch sieht hundert Menschen harren:
Sie stellen an sich um Zigarren.
Doch öffnet ihm ein Sesam-Wörtchen
Ein sehr bequemes Hinterpförtchen.
Doch jetzt vorm Bäcker – welche lange
Und giftgeschwollne Anstehschlange
Der Mensch, verbindungslos hier ganz,
Stellt seufzend sich an ihren Schwanz.
Schlüpft da nicht wer ins Nebenhaus?
Hüpft da nicht wer mit Brot heraus?
»Ha!« grollt der Mensch, »die Welt entpuppt
Doch täglich neu sich als korrupt!«
Und bringt, damit dies würd gerochen,
Des Volkes Seele wild zum Kochen,
So daß Beleidigungen tödlich
Den treffen, der so eigenbrötlich.
Der Mensch, der fast schon in Gefahr,
Daß er ein Unmensch würde, war,
Besinnt sich noch zur rechten Zeit
Der höheren Gerechtigkeit:
Beziehungen sind gut und fein –
Nur müssen es die eignen sein!

WANDEL

Ein Mensch möcht, neunzehnhundertsiebzehn,
Bei der Regierung sich beliebt sehn.
Doch muß er, neunzehnhundertachtzehn,
Schon andre, leider, an der Macht sehn.
Klug will er, neunzehnhundertneunzehn,
Sich als der Kommunisten Freund sehn.
Wo wandelt unser Mensch sich fleißig
Auch neunzehnhundertdreiunddreißig.
Und, zeitig merkt mans, er geniert sich
Nicht neunzehnhundertfünfundvierzig.
Er denkt sich, als ein halber Held,
Verstellt ist noch nicht umgestellt.
Wir dürfen, wenn auch leicht betroffen,
Noch allerhand von ihm erhoffen.

LEIDER

Ein Mensch sieht schon seit Jahren klar:
Die Lage ist ganz unhaltbar.
Allein – am längsten, leider, hält
Das Unhaltbare auf der Welt.

NACHDENKLICHE GESCHICHTE

Ein Mensch hält Krieg und Not und Graus,
Kurzum, ein Hundeleben aus,
Und all das, sagt er, zu verhindern,
Daß Gleiches drohe seinen Kindern.
Besagte Kinder werden später
Erwachsne Menschen, selber Väter
Und halten Krieg und Not und Graus ...
Wer denken kann, der lernt daraus.

DER BUMERANG

Ein Mensch hört irgendwas, gerüchtig,
Schnell schwatzt ers weiter, neuerungssüchtig,
So daß, was unverbürgt er weiß,
Zieht einen immer größern Kreis.
Zum Schluß kommts auch zu ihm zurück. –
Jetzt strahlt der Mensch vor lauter Glück:
Vergessend, daß ers selbst getätigt,
Sieht froh er sein Gerücht bestätigt.

ZEITGEMÄSS

Ein Mensch, der mit Descartes gedacht,
Daß Denken erst das Leben macht,
Gerät in Zeiten, wo man Denker
Nicht wünscht – und wenn, dann nur zum Henker
Er kehrt den alten Lehrsatz um
Und sagt: non cogito, ergo sum!

ZU SPÄT

Ein Mensch erführ gern: wer, warum,
Wann, was und wie? Doch wahret stumm
Ihr Staatsgeheimnis die Geschichte. –
Dann regnets unverhofft Berichte:
Im Grund kommt alles an den Tag –
Wenn es kein Mensch mehr wissen mag!

DER FEIGLING

Ein Mensch, dem Schicksalsgunst gegeben,
In einer großen Zeit zu leben,
Freut sich darüber – doch nicht täglich;
Denn manchmal ist er klein und kläglich
Und wünscht, schon tot und eingegraben,
In großer Zeit gelebt zu haben.

KLEINE GESCHICHTE

Ein Mensch blieb abends brav zu Haus. –
Doch leider ging sein Ofen aus,
Ging aus, allein und ohne ihn
Und wußte durchaus nicht: wohin?
Vielmehr, entschlossen, auszugehn,
Blieb rauchend er im Zimmer stehn.
Man konnte nicht sich einigen, gütlich –
Der Abend wurde ungemütlich ...

AUF UMWEGEN

Ein Mensch, der, was auch kommen möge,
Niemals die andern glatt belöge,
Lügt drum, denn dies scheint ihm erlaubt,
Zuerst sich selbst an, bis ers glaubt.
Was er nun fast für Wahrheit hält,
Versetzt er dreist der ganzen Welt.

MENSCH UND UNMENSCH

DER SCHUFT

Ein Mensch hat einst wo was geschrieben –
Vergessen ists seitdem geblieben ...
Ein Unmensch aber läuft im Stillen
Herum und sagt: »Um Himmels Willen!
Als ich das las, was für ein Schrecken –
Ich hoff, man wird es nicht entdecken!
Der Ärmste wird doch nicht verpfiffen!?
Das Buch ist Gottseidank vergriffen!
Doch fürcht ich, daß das nicht viel helfe –
Der Satz steht Seite hundertelfe
Den man ihm niemals wird verzeihen.
Das Buch? das kann ich Ihnen leihen!«
Und tief besorgt, es käm ans Licht,
Entfernt sich dieser Bösewicht.

IMMER DASSELBE

Ein Mensch vor einer Suppe hockt,
Die ihm ein Unmensch eingebrockt.
Er löffelt sie, gewiß nicht froh –
Der Unmensch, der ist, wer weiß wo
Und hofft, man würd' auf ihn vergessen.
Kaum ist die Suppe ausgefressen,
Kommt er zurück von ungefähr,
Als ob er ganz wer andrer wär
Und brockt, bescheiden erst und klein,
Die nächste Suppe wieder ein.
Der Mensch, machts auch der Unmensch plump,
Sieht nicht: Es ist der alte Lump!
Bis ihm vom Auge fällt die Schuppe,
Sitzt er vor einer neuen Suppe!

VERDIENTER HEREINFALL

Ein Mensch kriegt einen Kitsch gezeigt.
Doch anstatt daß er eisig schweigt,
Lobt er das Ding, das höchstens nette,
Fast so, als ob ers gerne hätte.
Der Unmensch, kann er es so billig,
Zeigt unverhofft sich schenkungswillig
Und sagt, ihn freuts, daß an der Gabe
Der Mensch so sichtlich Freude habe.
Moral: Beim Lobe stets dran denken,
Man könnte dir dergleichen schenken!

JE NACHDEM

Ein Mensch steht an der Straßenbahn.
Grad kommt sie, voll von Leuten an,
Die alle schrein – denn sie sind drin –:
»Bleib draußen, Mensch, 's hat keinen Sinn!«
Der Mensch, der andrer Meinung ist,
Drückt sich hinein mit Kraft und List,
Ja, man kann sagen, was kein Lob,
Unmenschlich, lackelhaft und grob.
Der Mensch, jetzt einer von den Drinnern
Kann kaum sich des Gefühls erinnern,
Das einer hat, der draußen jammert,
Und krampfhaft sich ans Trittbrett klammert.
Er macht sich deshalb breit und brüllt:
»Sie sehn doch – alles überfüllt!«
Doch ginge unser Urteil fehl,
Spräch es dem Menschen ab die Seel.
Inzwischen sitzend selbst im Warmen,
Spricht er zum Nachbarn voll Erbarmen,
Wie man es wohl begreifen solle,
Daß jeder Mensch nach Hause wolle.
Ja, mit Humor, sagt er nun heiter
Und gutem Willen käm man weiter!

DER SITZPLATZ

Ein Mensch sitzt in der Bahn ganz heiter,
Als mittlerer von dreien, Zweiter.
Dort muß, die Vorschrift ist jetzt scharf,
Ein vierter sitzen, bei Bedarf.
Ein Unmensch kommt, der strenge mustert:
Doch alle hocken aufgeplustert
Und ihre böse Miene spricht:
Vielleicht wo anders, bei mir nicht!
Der Unmensch hat sofort erkannt,
Wo der geringste Widerstand
Und setzt sich, breit und rücksichtslos,
Dem Menschen beinah auf den Schoß,
So daß der vorzieht, aufzustehn
Und überhaupt ganz wegzugehn.
Gar heiter sitzt der Unmensch jetzt,
Denn schau: er hat sich »durchgesetzt«!

VERDÄCHTIGUNGEN

Ein Mensch schwatzt lieb mit einem zweiten –
Ein dritter geht vorbei von weiten.
Der erste, während sie den biedern
Gruß jenes dritten froh erwidern,
Läßt in die Unterhaltung fließen:
»Der ist mit Vorsicht zu genießen!«
Sie trennen sich: der zweite trifft
Den dritten – und verspritzt sein Gift:
»Der Herr, mit dem ich grad gewandelt,
Mit Vorsicht, Freund, sei der behandelt!«
Der erste, wie sich Zufall häuft,
Nun übern Weg dem dritten läuft,
Der, auf den zweiten angespielt,
Die höchste Vorsicht anempfiehlt,
So daß, in Freundlichkeit getarnt,
Vor jedem jeder jeden warnt.
Die Vorsicht ist, zum Glück entbehrlich:
Denn alle drei sind ungefährlich!

UNGLEICHER MASSSTAB

Ein Mensch, in seines Lebens Lauf
Reibt sich mit Briefeschreiben auf.
Bei jedem Anlaß, ernst und heiter,
Wünscht Glück er, Beileid und so weiter
Und nie versäumt er eine Frist,
Wenn etwa jemand siebzig ist,
Ein Kind kriegt oder einen Orden
Und wenn er irgendwas geworden.
Zur Weihnachtszeit und zu Neujahr
Macht er sich lange Listen gar,
Damit er übersähe keinen,
Denn, ach, vergäße er nur einen,
Nie würde der, gekränkt fürs Leben,
Dem Menschen den faux pas vergeben.
Ein Unmensch hat das nie getan:
Er sagt: da fang ich gar nicht an!
Wird Tod, Geburt ihm angezeigt,
Knurrt er »Papierkorb!« bloß und schweigt
Und Glück zu wünschen, eheschlüssig,
Hält er für durchaus überflüssig.
Ei, denkt Ihr, diesem Dreist-Bequemen
Wird jedermann das übel nehmen!?
Kein Mensch empfindet das als roh.
Man sagt nur mild: Er ist halt so!

DER LEISE NACHBAR

Ein Mensch für seinen Nachbarn schwärmt,
Der, während rings die Welt sonst lärmt
Und keines Menschen Nerven schont,
Sein Zimmer mäuschenstill bewohnt.
Er hat – wie ist der Mensch drum froh! –
Nicht Wecker und nicht Radio.
Nichts hört man, kein Besuchsgeplapper,
Kein Trippeltrappeln, kein Geklapper
Von Eßgerät und Schreibmaschinchen:
Der Mann ist leis wie ein Kaninchen.
Der Mensch jetzt angestrengt schon lauscht,
Ob gar nichts raschelt oder rauscht,
Er wünscht, bald schlaflos von der Folter,
Sich nur ein Niesen, ein Gepolter –
Zum Beispiel ausgezogner Schuhe –
Vergeblich – rings herrscht Grabesruhe.
Ermangelnd jeglicher Geräusche
Fragt sich der Mensch, ob er sich täusche
Und jener Mann, – den er doch kennt! –
Vielleicht nicht leiblich existent?
Schon zieht der Wahnsinn wirre Kreise
Doch bleibt der Nachbar leise, leise.

DER TISCHNACHBAR

Ein Mensch muß – und er tuts nicht gern –
Mit einem ixbeliebgen Herrn
Sich unterhalten längre Frist,
Weil der bei Tisch sein Nachbar ist.
Ein Unmensch offenbar, der jeden
Versuch, gescheit mit ihm zu reden –
Seis Politik, seis Sport, seis Kunst –
Vereitelt: er hat keinen Dunst!
Der Mensch, sonst munter wie ein Zeisig,
Hüllt sich bereits in Schweigen, eisig.
Da fällt in diese stumme Pein
Das Stichwort: Hinterkraxenstein!
Das Dörflein, wo vor Tag und Jahr
Der Mensch zur Sommerfrische war.
Der Herr, sonst dumm und unbelesen,
Ist gar erst heuer dort gewesen!
Ja, was ist das?! Dann kennen Sie –
Natürlich! – und nun nennen sie
Den Förster und den Bürgermeister,
Den Apotheker – na, wie heißt er?
Und vor dem geistigen Auge beider
Ersteht der Lammwirt und der Schneider,
Der Schuster mit dem schiefen Bein –
Wahrhaftig, ist die Welt doch klein!
Und köstlich ist die Zeit verflossen
Mit diesem prächtigen Tischgenossen!

HIMMLISCHE ENTSCHEIDUNG

Ein Mensch, sonst harmlos im Gemüte,
Verzweifelt wild an Gottes Güte,
Ja, schimpft auf ihn ganz unverhohlen:
Ein Unmensch hat sein Rad gestohlen!
Der Unmensch aber, auf dem Rade,
Preist laut des lieben Gottes Gnade –
Und auch sich selbst, der, so begabt,
Ein Schwein zwar, solch ein Schwein gehabt. –
Wem steht der liebe Gott nun näher?
Dem unverschämten, schnöden Schmäher,
Dem dankerfüllten, braven Diebe?
Es reicht für *beide* seine Liebe,
Die, wie wir wissen, ganz unendlich,
Auch wenn sie uns oft schwer verständlich:
Der Unmensch, seelisch hochgestimmt,
Durch Sturz ein jähes Ende nimmt,
Was zweifellos für ihn ein Glücksfall:
Fünf Jahre gäbs sonst, wegen Rückfall!
Und auch der Mensch hat wirklich Glück:
Er kriegt sein schönes Rad zurück,
Nach Abzug freilich fürs Gefluch:
Zwei Achter und ein Gabelbruch.

Verhinderte Witzbolde

Ein Mensch erzählt grad einen Witz:
Gleich trifft des Geistes Funkelblitz! –
Doch aus der Schar gespannter Hörer
Bricht plötzlich vor ein Witz-Zerstörer,
Ein Witzdurch-Kreuzer, nicht mit Ohren
Bestückt, nein, mit Torpedorohren:
In die Erwartung, atemlos,
Wumbum! schießt der Zerstörer los,
Mit seinem Witz-dazwischen-pfeffern.
Der Mensch sinkt rasch, mit schweren Treffern.
Racks! Geht auch jener in die Luft –
Die ganze Wirkung ist verpufft ...
Der Mensch rät nun, statt sich zu quälen,
Dem Witz-Zerstörer, zu erzählen
Die eignen Witze, ganz allein –
Er selber wolle stille sein.
Jedoch der Unmensch, frei vom Blatt,
Gar keinen Witz auf Lager hat:
Nur, wenn auf fremden Witz er stößt,
Wird seiner, blindlings, ausgelöst.

WINDIGE GESCHICHTE

Ein Mensch sieht, wie ein Unmensch wacker
Wind aussät auf der Zeiten Acker
Und sagt den Spruch ihm, den gelernten:
»Freund«, spricht er, »Du wirst Sturm hier ernten!«
Doch redet er, wie man errät,
Nur in den Wind, den jener sät,
Ja, mehr noch, in den unbewegt
Der Unmensch solche Warnung schlägt.
Der Sturm geht später in der Tat
Wild auf aus jener Windessaat.
Der Unmensch flieht – der Mensch allein
Bringt jetzt die schlimme Ernte ein.

FÜR GUSSEISERNE

Ein Mensch – daß ich nicht Unmensch sag –
Meint: »Alles kann man, wenn man mag.«
Vielleicht – doch gibts da viele Grade:
Auch mögen-können ist schon Gnade!

DAS SCHLIMMSTE

Ein Mensch, der schon geraume Zeit
Geübt hat Treu und Redlichkeit
Glaubt gern (wir hättens auch gedacht),
Daß Übung noch den Meister macht.
Jedoch bemerken wir betrübt,
Der Mensch hat nicht genug geübt,
Und kaum, daß er daneben tappt,
Hat ihn das Schicksal schon geschnappt
Und läßt sich gleich mit voller Wucht aus:
Der Mensch, der arme, kommt ins Zuchthaus.
Ein Unmensch übt, voll niedrer Schläue,
Nur Lumperei anstatt der Treue
Und bringt es hier, aus eigner Kraft,
Zu ungeahnter Meisterschaft.
Und siehe da, ihm geht nichts krumm:
Er läuft noch heute frei herum.

TRAURIGE GESCHICHTE

Ein Mensch erkennt: Sein ärgster Feind:
Ein Unmensch, wenn er menschlich scheint!

GOTT LENKT

Ein Mensch, dem eine Vase brach,
Gibt einem schnöden Einfall nach:
Er fügt sie, wie die Scherbe zackt
Und schickt sie, kunstgerecht verpackt,
Scheinheilig einem jungen Paar
Dem ein Geschenk er schuldig war.
Ja, um sein Bubenstück zu würzen
Schreibt er noch: »Glas!« drauf und: »Nicht stürzen!«
Der Mensch, heißts, denkt, Gott aber lenkt:
Das Paar, mit diesem Schund beschenkt,
Ist weit entfernt, vor Schmerz zu toben –
Froh fühlt sichs eigner Pflicht enthoben,
Den unerwünschten Kitsch zu meucheln
Und tiefgefühlten Dank zu heucheln.

IRRTUM

Ein Mensch meint, gläubig wie ein Kind,
Daß alle Menschen Menschen sind.

URTEIL DER WELT

Ein Mensch, um seine Schüchternheit
Zu überspringen, springt zu weit
Und landet jenseits guter Sitte.
Ein Unmensch, mit gemessnem Schritte,
Geht, überlegend kalt und scharf,
Genau so weit, wie man gehn darf.
Nun sagt die Welt – an sich mit Recht! –
Der Mensch benehm sich leider schlecht;
Und – was man ihr nicht wehren kann –
Der Unmensch sei ein Ehrenmann.
Gott freilich, der aufs Herz nur schaut,
Der weiß es – doch er sagts nicht laut.

BILLIGER RAT

Ein Mensch nimmt alles viel zu schwer.
Ein Unmensch naht mit weiser Lehr
Und rät dem Menschen: »Nimms doch leichter!«
Doch grad das Gegenteil erreicht er:
Der Mensch ist obendrein verstimmt,
Wie leicht man seine Sorgen nimmt.

EINFACHE SACHE

Ein Mensch drückt gegen eine Türe,
Wild stemmt er sich, daß sie sich rühre!
Die schwere Türe, erzgegossen,
Bleibt ungerührt und fest verschlossen
Ein Unmensch, sonst gewiß nicht klug,
Versuchts ganz einfach jetzt mit Zug.
Und schau! (Der Mensch steht ganz betroffen)
Schon ist die schwere Türe offen!
So gehts auch sonst in vielen Stücken:
Dort, wos zu ziehn gilt, hilft kein Drücken!

LAUF DER ZEIT

Ein Mensch geht freudig mit der Zeit
Doch kommt er bald in Schwierigkeit:
Die Weltuhr rascher perpendikelt
Als er sich hin- und herentwickelt.
Kaum kommt er also aus dem Takt,
Hat ihn der Pendel schon gepackt.
Ein Unmensch aber, der indessen
Weltuhrenabseits still gesessen
Auf unerschüttertem Gesäß
Spricht mild: »Es war nicht zeitgemäß!«

AUSSICHTEN

Ein Mensch, erfüllt von fortschrittsblanken,
Stromlinienförmigen Gedanken
Durcheilte froh die Zeit und fand
Nicht den geringsten Widerstand.
Er lebte gut und lebte gern,
Denn er war durch und durch modern.
Sein Sohn ist, lebend gegenwärtig,
Bereits so gut wie büchsenfertig.
Sein Enkel, wenn er sich dran hält,
Kommt schon in Weißblech auf die Welt.

TRAURIGE WAHRHEIT

Ein Mensch liest, warm am Ofen hockend –
Indem das Wetter nicht verlockend –
Daß gestern, im Gebirg verloren,
Elendiglich ein Mann erfroren.
Der Mann tut zwar dem Menschen leid –
Doch steigerts die Behaglichkeit.

Das Böse

Ein Mensch pflückt, denn man merkt es kaum,
Ein Blütenreis von einem Baum.
Ein andrer Mensch, nach altem Brauch,
Denkt sich, was der tut, tu ich auch.
Ein dritter, weils schon gleich ist, faßt
Jetzt ohne Scham den vollen Ast
Und sieh, nun folgt ein Heer von Sündern,
Den armen Baum ganz leer zu plündern.
Von den Verbrechern war der erste,
Wie wenig er auch tat, der schwerste.
Er nämlich übersprang die Hürde
Der unantastbar reinen Würde.

Ahnungslos

Ein Mensch hört staunend und empört,
Daß er, als Unmensch, alle stört:
Er nämlich bildet selbst sich ein,
Der angenehmste Mensch zu sein.
Ein Beispiel macht Euch solches klar:
Der Schnarcher selbst schläft wunderbar.

BAUPLÄNE

Ein Mensch, von Plänen wild bewegt,
Hat hin und her sich überlegt,
Wie er, es koste, was es wolle,
Sein hübsches Häuschen bauen solle,
Hat, prüfend Dutzende Entwürfe,
Geschwankt, wer es ihm bauen dürfe
Und wo es in der weiten Welt
Am besten würde aufgestellt:
In das Gebirg? An einen See?
Dem Menschen tut die Wahl zu weh,
So daß er Frist um Frist versäumt:
Das nette Häuschen bleibt geträumt.
Ein Unmensch, auf den nächsten Fleck
Setzt kurz entschlossen seinen Dreck.
Der ganzen Welt ist es ein Graus –
Doch immerhin, er hat sein Haus.

EIN EHRENMANN

Ein Mensch, der mit genauem Glücke
Geschlüpft durch des Gesetzes Lücke,
Bebt noch ein Weilchen angstbeklommen
Doch dann, als wäre er gekommen
Durchs Haupttor der Gerechtigkeit,
Stolziert er dreist und macht sich breit.
Und keiner wacht so streng wie er,
Daß niemand schlüpft durch Lücken mehr.

DER SALTO

Ein Mensch betrachtete einst näher
Die Fabel von dem Pharisäer,
Der Gott gedankt voll Heuchelei
Dafür, daß er kein Zöllner sei.
Gottlob! rief er in eitlem Sinn,
Daß ich kein Pharisäer bin!

HINTERHER...

Ein Mensch, dem – wenn auch unter Beben –
Die große Zeit mit zu erleben
Das unerforschte Schicksal gönnte,
Hält sich an das, was leicht sein könnte:
Daß jeden jeden Augenblick
Vernichtend träfe das Geschick.
Ein Unmensch hält, nach Tag und Jahr,
Sich nur an das, was wirklich war.
Und er stellt fest, ganz kalt und listig
Auf Grund untrüglicher Statistik
Daß – ein Verhältnis, das verwundert –
Drei Fälle tödlich warn von hundert.
Das Leben wäre eine Lust,
Hätt man das vorher schon gewußt –
Mit Ausnahm freilich jener drei! –
Doch weiß mans erst, wenn es vorbei.

SAUBERE BRÜDER

Ein Mensch sieht Hand von Hand gewaschen.
Und doch – es muß ihn überraschen,
Daß der Erfolg nur ein geringer:
Zum Schluß hat alles schmierige Finger.

LEHREN DES LEBENS

NUR EIN VERGLEICH

Ein Mensch hat irgendwann und wo,
Vielleicht im Lande Nirgendwo,
Vergnügt getrunken und geglaubt,
Der Wein sei überall erlaubt.
Doch hat vor des Gesetzes Wucht
Gerettet ihn nur rasche Flucht.
Nunmehr im Land Ixypsilon
Erzählt dem Gastfreund er davon:
Ei, lächelt der, was Du nicht sagst?
Hier darfst Du trinken, was Du magst!
Der Mensch ist bald, vom Weine trunken,
An einem Baume hingesunken.
Wie? brüllte man, welch üble Streiche?
So schändest Du die heilge Eiche?
Er ward, ob des Verbrechens Schwere,
Verdammt fürs Leben zur Galeere
Und kam, entflohn der harten Schule,
Erschöpft ins allerletzte Thule.
Ha! Lacht man dorten, das sind Träume!
Hier kümmert sich kein Mensch um Bäume.
Der Mensch, von Freiheit so begnadet,
Hat sich im nächsten Teich gebadet.
So, heißts, wird Gastfreundschaft mißnutzt?
Du hast den Götterteich beschmutzt!
Der Mensch, der drum den Tod erlitten,
Sah: andre Länder, andre Sitten.

WUNSCH UND BEGIERDE

Ein Mensch, der eines Tags entdeckt,
Daß jeder Wunsch nur Wünsche heckt,
Will, seinen Frieden zu verbürgen,
Von nun an jeden Wunsch erwürgen.
Schon naht ein Wünschlein, ahnungslos,
Klopft höflich an, tut gar nicht groß
Und wartet still, ob mans erfülle,
Der Mensch, mit wütendem Gebrülle,
Fährt auf und macht ihm ohne Grund
Den fürchterlichsten Schweinehund:
Er hab es satt, dies ewige Betteln,
Er werde sich nicht mehr verzetteln,
Er kenne schon die Wunsch-Schlawiner,
Die kommen, als ergebne Diener
Und, kaum daß man sie eingelassen,
Leichtsinnig Hab und Gut verprassen.
Der Wunsch, im Innersten gekränkt,
Hat sich jedoch darauf beschränkt,
Dies unverzeihliche Geläster
Zu melden seiner großen Schwester.
Frau Gier hört sich die Sache an
Und denkt sich: »Wart, Du Grobian!«
Sie putzt sich auf und schminkt sich grell;
Der Mensch verfällt ihr äußerst schnell,
Ruiniert sich, um sie zu erweichen –
Doch sie tut weiter nicht dergleichen.
So rächt das abgefeimte Luder
Das Unrecht an dem kleinen Bruder.

DER VERGESSENE NAME

Ein Mensch begibt sich arglos schlafen –
Schon liegt sein Denken still im Hafen
Bis auf ein kleines Sehnsuchtsschiff,
Das aber gleichfalls im Begriff,
Den nahen heimatlichen Feuern
In aller Ruhe zuzusteuern.
Da plötzlich stößt, schon hart am Ziel,
Auf Mine oder Riff der Kiel.
Das Unglück, anfangs unerklärlich,
Scheint vorerst noch ganz ungefährlich.
Ein Name nur, der Jahr und Tag
Nutzlos, doch fest verankert lag,
Treibt unter Wasser, kreuz und quer
Als Wrack gespenstisch übers Meer.
Das Sehnsuchtsschiff, im Lauf gestört,
Funkt S-O-S, das wird gehört
Und bald erscheint schon eine leichte
Gedächtnisflotte, um das Seichte
Nach jenem Namen abzufischen.
Doch dem gelingt es, zu entwischen
Und schon rückt, mitten in der Nacht,
Die Flotte selbst aus, wie zur Schlacht.
Im Finstern aber hilflos stoßen
Die Denker-Dreadnoughts sich, die großen,
Wild gehn die Wünsche in die Luft;
Sinnlos wird höchste Kraft verpufft:
Die Flotte sinkt mit Mann und Maus. –
Der Name treibt ins Nichts hinaus.

DER VERSCHWENDER

Ein Mensch, der ein sehr hohes Maß
Von reiner Leidenschaft besaß
Vermeinte, daß bei so viel Gnade
Es vorerst weiter gar nicht schade,
So ab und zu in kleinen Summen
Die Zinsen quasi zu verdummen.
Die Liebeleien wurden häufig,
Verschwenden wurde ihm geläufig.
Noch hab ich, kommt das Glück einmal,
So dachte er, das Kapital!
Die Liebe kam dann, unvermutet,
Die wert ist, daß man für sie blutet.
Der Mensch griff tief in seine Seele –
Und merkte plötzlich, daß sie fehle.
Zwar fand er noch, als Mann von Welt,
In allen Taschen Wechselgeld,
Doch reichte es für Liebe nimmer,
Nur mehr für billige Frauenzimmer...

ALLZU EIFRIG

Ein Mensch sagt – und ist stolz darauf –
Er geh in seinen Pflichten auf.
Bald aber, nicht mehr ganz so munter,
Geht er in seinen Pflichten unter.

SAGE

Ein Mensch – ich hab das nur gelesen –
Hat einst gelebt bei den Chinesen
Als braver Mann; er tat nichts Schlechts
Und schaute nicht nach links und rechts;
Er war besorgt nur, wie er find
Sein täglich Brot für Weib und Kind.
Es herrschte damals voller Ruh
Der gute Kaiser Tsching-Tschang-Tschu.
Da kam der böse Dschu-pu-Tsi;
Man griff den Menschen auf und schrie:
»Wir kennen Dich, Du falscher Hund,
Du bist noch Tsching-Tschang-Tschuft im Grund!«
Der Mensch, sich windend wie ein Wurm,
Bestand den Dschuh-Putschistensturm,
Beschwörend, nur Chinese sei er.
Gottlob, da kamen die Befreier!
Doch die schrien gleich: »Oh Hinterlist!
Du bist auch ein Dschuh-Pu-Blizist!«
Der Mensch wies nach, daß sie sich irren. –
Oh weh, schon gab es neue Wirren:
Es folgten Herren neu auf Herren,
Den Menschen hin und her zu zerren:
»Wie? Du gesinnungsloser Tropf!«
So hieß es, »hängst am alten Zopf?«
Der Mensch nahm also seinen Zopf ab. –
Die nächsten schlugen ihm den Kopf ab,
Denn unter ihnen war verloren,
Wer frech herumlief, kahlgeschoren.
So schwer ists also einst gewesen,
Ein Mensch zu sein – bei den Chinesen!

DAS GEHEIMNIS

Ein Mensch bemerkt oft, tief ergrimmt,
Daß irgend was bei ihm nicht stimmt.
Jedoch, woran es ihm gebricht,
Er findets nicht und findets nicht.
Und ohne es entdeckt zu haben,
Stirbt er zum Schluß und wird begraben;
Schad, daß er nicht mehr hören kann:
Am Sarg sagts offen jedermann.

DER PECHVOGEL

Ein Mensch, vom Pech verfolgt in Serien
Wünscht jetzt sich von den Furien Ferien.
Er macht, nicht ohne stillen Fluch,
Ein dementsprechendes Gesuch.
Jedoch wird, wie so oft im Leben
Dem höhern Orts nicht stattgegeben.
Begründung: »Wechsel sich nicht lohnt,
Wir sind den Menschen schon gewohnt.«

UNTERSCHIED

Ein Mensch fand wo ein heißes Eisen
Und, um das Sprichwort zu erweisen,
Ließ er sich durchaus nicht verführen,
Das heiße Eisen anzurühren.
Ein andrer Mensch, auch sprichwortkundig,
Nahm die Gelegenheit für pfundig,
Zum Hammer griff er und zur Zange
Und schmiedete drauf los, so lange
Das Eisen warm war – und grad diesen
Hat man, als Glücksschmied, hochgepriesen.
Der Wahrheit drum sich jeder beuge:
'S hängt alles ab vom Handwerkszeuge!

DAS BESSERE

Ein Mensch denkt logisch, Schritt für Schritt.
Jedoch, er kommt nicht weit damit.
Ein andrer Mensch ist besser dran:
Er fängt ganz schlicht zu glauben an.
Im Staube bleibt Verstand oft liegen –
Der Glaube aber kann auch fliegen!

DER TUGENDBOLD

Ein Mensch, und zwar von frommer Sitte,
Ging durch die Stadt in Sommermitte,
Wo, daß sie nicht durch Hitze leide,
Die Welt sich bot im leichten Kleide.
Ein Weib auch hatte wohlgehüftet,
In solcher Weise sich gelüftet,
So daß es, wirklich schöngeschenkelt,
Doch von Moral nicht angekränkelt
Zwar bunt, doch ziemlich ohne was,
Aufreizend auf dem Rade saß.
Der Mensch, der seine Augen stielte,
Wild nach des Weibes Blößen schielte –
Doch dann zum Himmel er sie hob –
Die Augen – Sich zum Tugendlob:
Das Weib vermocht' dem keuschen Knaben
Anhabend nichts, nichts anzuhaben.

METAPHYSISCHES

Ein Mensch erträumt, was er wohl täte,
Wenn wieder er die Welt beträte.
Dürft er zum zweiten Male leben,
Wie wollt er nach dem Guten streben
Und streng vermeiden alles Schlimme!
Da ruft ihm zu die innre Stimme:
»Hör auf mit solchem Blödsinn, ja?!
Du bist zum zwölften Mal schon da!«

ZWEIERLEI

Ein Mensch – man sieht, er ärgert sich –
Schreit wild: Das ist ja lächerlich!
Der andre, gar nicht aufgebracht,
Zieht draus die Folgerung und – lacht.

MUSIKALISCHES

Ein Mensch, will er auf etwas pfeifen,
Darf sich im Tone nicht vergreifen.

Durch die Blume

Ein Mensch pflegt seines Zimmers Zierde,
Ein Rosenstöckchen, mit Begierde.
Gießts täglich, ohne zu ermatten,
Stellts bald ins Licht, bald in den Schatten,
Erfrischt ihm unentwegt die Erde,
Vermischt mit nassem Obst der Pferde,
Beschneidet sorgsam jeden Trieb –
Doch schon ist hin, was ihm so lieb.
Leicht ist hier die Moral zu fassen:
Man muß die Dinge wachsen lassen!

Halbes Glück

Ein Mensch, vom Glücke nur gestreift,
Greift hastig zu, stürzt, wird geschleift,
Kommt unters Rad, wird überfahren –
Dergleichen kannst Du Dir ersparen
Wenn Du nicht solche Wege gehst,
Wo Du dem Glück im Wege stehst.

BANGE FRAGE

Ein Mensch, ungläubig und verrucht,
Dummdreist das Ewige verflucht.
Was aber wird ihm wohl begegnen,
Muß er das Zeitliche einst segnen?

DER UNENTSCHLOSSENE

Ein Mensch ist ernstlich zu beklagen,
Der nie die Kraft hat, nein zu sagen,
Obwohl ers weiß, bei sich ganz still:
Er will nicht, was man von ihm will!
Nur, daß er Aufschub noch erreicht,
Sagt er, er wolle sehn, vielleicht...
Gemahnt nach zweifelsbittern Wochen,
Daß ers doch halb und halb versprochen,
Verspricht ers, statt es abzuschütteln,
Aus lauter Feigheit zu zwei Dritteln,
Um endlich, ausweglos gestellt,
Als ein zur Unzeit tapfrer Held
In Wut und Grobheit sich zu steigern
Und das Versprochne zu verweigern.
Der Mensch gilt bald bei jedermann
Als hinterlistiger Grobian –
Und ist im Grund doch nur zu weich,
Um nein zu sagen – aber gleich!

Das Messer

Ein Mensch, der lang schon drunter litt,
Wie schlecht sein Taschenmesser schnitt,
Gabs zögernd eines Tags nach reifer
Erwägung einem Scherenschleifer,
Daß es von nun an schneide besser.
Doch der, ein Meister, schliff das Messer
Weit über menschlichen Bedarf
Ganz unvorstellbar gräßlich scharf.
Der Mensch, trotz bittern Herzenwehs
Behalf sich künftig ohne es.

Lebenslügen

Ein Mensch wird schon als Kind erzogen
Und, dementsprechend, angelogen.
Er hört die wunderlichsten Dinge,
Wie, daß der Storch die Kinder bringe,
Das Christkind Gaben schenk zur Feier,
Der Osterhase lege Eier.
Nun, er durchschaut nach ein paar Jährchen,
Daß all das nur ein Ammenmärchen.
Doch andre, weniger fromme Lügen
Glaubt bis zum Tod er mit Vergnügen.

BESCHEIDENHEIT

Ein Mensch möcht erste Geige spielen –
Jedoch das ist der Wunsch von vielen,
So daß sie gar nicht jedermann,
Selbst wenn ers könnte, spielen kann:
Auch Bratsche ist für den, ders kennt,
Ein wunderschönes Instrument.

FALSCHE HERAUSFORDERUNG

Ein Mensch, so grade in der Mitten,
Nicht just verehrt, doch wohlgelitten,
Zwingt, anstatt still sein Los zu leiden,
Schroff Freund und Frau, sich zu entscheiden.
Und jene, die viel lieber lögen,
Erklären, daß sie ihn wohl mögen,
Jedoch, sollt klar gesprochen sein,
Dann sagten sie doch lieber nein.
Der Mensch, sonst nach Gebühr geduldet,
Hat dieses Urteil selbst verschuldet:
Denn es gibt Dinge auf der Welt,
Die man nicht auf die Probe stellt,
Weil sie, wie, ach, so viel im Leben
Sich halten lassen nur im Schweben.

FORTSCHRITTE

Ein Mensch wünscht sich ganz unaussprechlich,
Daß Glück und Glas sei unzerbrechlich.
Die Wissenschaft vollbringt das leicht:
Beim Glas hat sies schon fast erreicht.

PARABEL

Ein Mensch, der sich für stark gehalten,
Versuchte, einen Klotz zu spalten.
Doch schwang vergebens er sein Beil:
Der Klotz war gröber als der Keil.
Ein zweiter sprach: Ich werds schon kriegen!
Umsonst – der grobe Klotz blieb liegen.
Ein dritter kam nach Jahr und Tag
Dem glückt' es auf den ersten Schlag.
War der nun wirklich gar so forsch?
Nein – nur der Klotz ward seitdem morsch.

AUSNAHME

Ein Mensch fällt jäh in eine Grube,
Die ihm gegraben so ein Bube.
Wie? denkt der Mensch, das kann nicht sein:
Wer Gruben gräbt, fällt selbst hinein! –
Das mag vielleicht als Regel gelten:
Ausnahmen aber sind nicht selten.

Die Uhr

Ein Mensch, das ehrt den treuen frommen –
Läßt nie auf seine Uhr was kommen,
Die seit dem Tag, da er gefirmt,
Ihn und sein Tagewerk beschirmt.
Wo er auch ist, macht er sich wichtig:
Er selbst und seine Uhr gehn richtig.
Doch plötzlich frißt die Uhr die Zeit
Nicht mit gewohnter Pünktlichkeit,
Der Mensch erlebt die bittre Schmach,
Daß man ihm sagt, die Uhr geht nach.
Da wird ihm selbst, der immer nur
Genau gelebt hat, nach der Uhr,
Erschüttert jegliches Vertrauen:
Er kann die Zeit nicht mehr verdauen!

Guter Rat

Ein Mensch, der liebestoll, verzückt,
An seine Brust ein Mädchen drückt,
Spürt jäh ein Knittern und ein Knarren:
Ha! denkt er, das sind die Zigarren!
Und sein Gefühl entfernt sich weit
Von Liebe und von Zärtlichkeit.
Der Mensch mag Nietzsches Rat verfemen,
Zum Weib die Peitsche mitzunehmen:
Doch sicher wird ihm meiner passen:
Verliebt, Zigarrn daheim zu lassen!

Optische Täuschung

Ein Mensch sitzt stumm und liebeskrank
Mit einem Weib auf einer Bank;
Er nimmt die bittre Wahrheit hin,
Daß sie zwar liebe, doch nicht ihn.
Ein andrer Mensch geht still vorbei
Und denkt, wie glücklich sind die zwei,
Die – in der Dämmrung kann das täuschen –
Hier schwelgen süß in Liebesräuschen.
Der Mensch in seiner Not und Schmach
Schaut trüb dem andern Menschen nach
Und denkt, wie glücklich könnt ich sein,
Wär ich so unbeweibt allein.
Darin besteht ein Teil der Welt,
Daß andre man für glücklich hält.

Unterschied

Ein Mensch möcht, jung noch, was erleben.
Doch mit der Zeit wird sich das geben,
Bis er, im Alter, davor bebt,
Daß er am End noch was erlebt.

Die Verzögerungstaktik

Ein Mensch voll Lebensüberdruß
Sagt zu sich selbst: »Jetzt mach ich Schluß!«
Jedoch er findet tausend Gründchen,
Zu warten noch ein Viertelstündchen.
Die Gründchen sammeln sich zum Grunde:
Er schiebts hinaus noch eine Stunde.
Kann er noch sterben, wann er mag,
Hats auch noch Zeit am nächsten Tag.
Zuletzt hat er sich fest versprochen,
Sich zu gedulden ein, zwei Wochen.
Und schau: Das Seelentief zog weiter –
Seit Jahren lebt er wieder, heiter ...

Feingefühl

Ein Mensch sieht ein – und das ist wichtig:
Nichts ist ganz falsch und nichts ganz richtig.

Auf der Goldwaage

Ein Mensch vergesse eines nicht:
Auch Unwägbares hat Gewicht!

Unerwünschte Belehrung

Ein Mensch, dems ziemlich dreckig geht,
Hört täglich doch, von früh bis spät,
Daß ihm das Schicksal viel noch gönnte
Und er im Grunde froh sein könnte;
Daß, angesichts manch schwererer Bürde
Noch der und jener froh sein würde,
Daß, falls man etwas tiefer schürfte,
Er eigentlich noch froh sein dürfte;
Daß, wenn genau mans nehmen wollte,
Er, statt zu jammern, froh sein sollte,
Daß, wenn er andrer Sorgen wüßte,
Er überhaupt noch froh sein müßte.
Der Mensch, er hört das mit Verdruß,
Denn unfroh bleibt, wer froh sein muß.

Zwecklos

Ein Mensch hört gern in Zeit, in trüber,
Den Trost, dies alles geh vorüber.
Doch geht dabei – das ist es eben! –
Vorüber auch sein kurzes Leben ...

KLEINIGKEITEN

Ein Mensch – das trifft man gar nicht selten –
Der selbst nichts gilt, läßt auch nichts gelten.

Ein Mensch, der was geschenkt kriegt, denke:
Nichts zahlt man teurer, als Geschenke!

Ein Mensch wollt immer recht behalten:
So kams vom Haar- zum Schädelspalten!

Ein Mensch erkennt: 's ist auch den Guten
Mehr zuzutraun, als zuzumuten.

Ein Mensch fühlt oft sich wie verwandelt,
Sobald man menschlich ihn behandelt!

LAUTER TÄUSCHUNGEN

Ein Mensch, noch Neuling auf der Welt,
Das Leben für recht einfach hält.
Dann, schon erfahren, klug er spricht:
So einfach ist die Sache nicht!
Zum Schlusse sieht er wieder klar
Wie einfach es im Grunde war.

ZWISCHEN DEN ZEITEN

Ein Mensch lebt noch mit letzter List
In einer Welt, die nicht mehr ist.
Ein andrer, grad so unbeirrt,
Lebt schon in einer, die erst wird.

RÜCKSTAND

Ein Mensch am schwersten wohl verschmerzt
Das Glück, das er sich selbst verscherzt.
Kann sein, es war kein echtes Glück,
Doch echter Ärger bleibt zurück.

DIE TANTEN

Ein Mensch, still blühend und verborgen,
Hat sieben Tanten zu versorgen,
Die, jede Arbeit streng vermeidend,
Sich von Geburt an fühlen leidend.
Der Mensch, vermeinend, er seis schuldig,
Erträgt das christlich und geduldig.
Doch eines Tags, wer weiß, warum,
Denkt er: Wieso? Ich bin ja dumm!
Er packt den Koffer, sagt kein Wort,
Reist vielmehr mir nichts, dir nichts, fort.
Die sieben Tanten sind zur Stund
Erst sprachlos und dann kerngesund.

PRÜFUNGEN

Ein Mensch gestellt auf *harte* Probe
Besteht sie, und mit höchstem Lobe.
Doch sieh da: es versagt der gleiche,
Wird er gestellt auf eine *weiche*!

WELTLAUF

Ein Mensch, erst zwanzig Jahre alt,
Beurteilt Greise ziemlich kalt
Und hält sie für verkalkte Deppen,
Die zwecklos sich durchs Dasein schleppen.
Der Mensch, der junge, wird nicht jünger:
Nun, was wuchs denn auf *seinem* Dünger?
Auch er sieht, daß trotz Sturm und Drang,
Was er erstrebt, zumeist mißlang,
Daß, auf der Welt als Mensch und Christ
Zu leben, nicht ganz einfach ist,
Hingegen leicht, an Herrn mit Titeln
Und Würden schnöd herumzukritteln.
Der Mensch, nunmehr bedeutend älter,
Beurteilt jetzt die Jugend kälter
Vergessend frühres Sich-Erdreisten:
»Die Rotzer sollen erst was leisten!«
Die neue Jugend wiedrum hält ...
Genug – das ist der Lauf der Welt!

TRAURIGER FALL

Ein Mensch, der manches liebe Jahr
Mit seinem Weib zufrieden war,
Dann aber plötzlich Blut geleckt hat,
Denkt sich: »Varietas delectat –«
Und schürt sein letztes, schwaches Feuer
Zu einem wilden Abenteuer.
Jedoch bemerkt er mit Erbosen,
Daß seine alten Unterhosen
Ausschließlich ehelichen Augen
Zur Ansicht, vielmehr Nachsicht, taugen
Und daß gewiß auch seine Hemden
Ein fremdes Weib noch mehr befremden,
Daß, kurz, in Hose, Hemd und Socken
Er Welt und Halbwelt nicht kann locken.
Der Mensch, der innerlich noch fesche,
Nimmt drum, mit Rücksicht auf die Wäsche,
Endgültig Abschied von der Jugend
Und macht aus Not sich eine Tugend.

VERSÄUMTE GELEGENHEITEN

Ein Mensch, der von der Welt bekäme,
Was er ersehnt – wenn ers nur nähme,
Bedenkt die Kosten und sagt nein.
Frau Welt packt also wieder ein.
Der Mensch – nie kriegt ers mehr so billig! –
Nachträglich wär er zahlungswillig.
Frau Welt, noch immer bei Humor,
Legt ihm sogleich was andres vor:
Der Preis ist freilich arg gestiegen;
Der Mensch besinnt sich und läßts liegen.
Das alte Spiel von Wahl und Qual
Spielt er ein drittes, viertes Mal.
Dann endlich ist er alt und weise
und böte gerne höchste Preise.
Jedoch, sein Anspruch ist vertan,
Frau Welt, sie bietet nichts mehr an
Und wenn, dann lauter dumme Sachen,
Die nur der Jugend Freude machen,
Wie Liebe und dergleichen Plunder,
Statt Seelenfrieden mit Burgunder...

Das Wichtigste

Ein Mensch, der ohne viel zu schelten,
Läßt auch die fremde Meinung gelten,
Von Politik und Weltanschauung
Ganz friedlich spricht und voll Erbauung,
Der, ohne Angst um seine Ehre
Einsteckt selbst manche derbe Lehre,
Kurz, einer, der nichts übel nimmt
Ist plötzlich fürchterlich ergrimmt,
Legt man ihm dar dafür die Gründe,
Daß er vom Skatspiel nichts verstünde,
Daß er ein Stümper sei im Kegeln,
Im Schach beherrsche kaum die Regeln!
Es packt ihn tief im Ehrgefühle,
Besiegt ihn jemand auf der Mühle.
Wenn er als Schütz nichts Rechtes traf,
Raubt ihm das stundenlang den Schlaf.
Und was ihn völlig niederschlägt:
Der Vorwurf, daß er nichts verträgt...
Kurzum, es ist das Kind im Mann,
Das man am ehsten kränken kann.

DAS GEWISSEN

Ein Mensch, von bangen Zweifeln voll
Ist unentschlossen, was er soll.
Ha, denkt er da in seinem Grimme:
Wozu hab ich die innre Stimme?
Er lauscht gespannten Angesichts –
Jedoch, er hört und hört halt nichts.
Er horcht noch inniger und fester:
Nun tönt es wild wie ein Orchester.
Wo wir an sich schon handeln richtig,
Macht sich die innere Stimme wichtig.
Zu sagen uns: Du sollst nicht töten,
Ist sie nicht eigentlich vonnöten.
Doch wird sie schon beim Ehebrechen
Nicht mehr so unzweideutig sprechen.
Ja, wenn es klar in uns erschölle:
Hier spricht der Himmel, hier die Hölle!
Doch leider können wir vom Bösen
Das Gute gar nicht trennscharf lösen.
Ists die Antenne, sinds die Röhren
Die uns verhindern, gut zu hören?
Ists, weil von unbekanntem Punkt
Ein schwarzer Sender zwischenfunkt?
Der Mensch, umschwirrt von so viel Wellen
Beschließt, die Stimme abzustellen.
Gleichviel, ob er das Richtge tue
Hat er zum mindesten jetzt Ruhe.

MÄRCHEN

Ein Mensch, der einen andern traf,
Geriet in Streit und sagte »Schaf!«
Der andre sprach: »Es wär Ihr Glück,
Sie nähmen dieses Schaf zurück!«
Der Mensch jedoch erklärte: Nein,
Er säh dazu den Grund nicht ein.
Das Schaf, dem einen nicht willkommen,
Vom andern nicht zurückgenommen,
Steht seitdem, herrenlos und dumm
Unglücklich in der Welt herum.

NUR SPRÜCHE

Ein Mensch erklärt voll Edelsinn,
Er gebe notfalls alles *hin*.
Doch eilt es ihm damit nicht sehr –
Denn vorerst gibt er gar nichts *her*.

SELTSAM GENUG

Ein Mensch erlebt den krassen Fall,
Es menschelt deutlich, überall –
Und trotzdem merkt man, weit und breit
Oft nicht die Spur von Menschlichkeit.

TRUGSCHLUSS

Ein Mensch erläutert klar, daß man,
Was man nicht hat, nicht halten kann.
Doch wozu so viel Witz entfalten?
Grad wers nicht hat, kann – Recht behalten.

EMPFINDLICHER PUNKT

Ein Mensch, umdräut von Felsentrümmern,
Läßt sich davon nicht sehr bekümmern.
Doch bringt sofort ihn aus der Ruh
Ein winziger Stein – in seinem Schuh.

WANDLUNG

Ein Mensch führt, jung, sich auf wie toll:
Er sieht die Welt, wie sie sein soll.
Doch lernt auch er nach kurzer Frist,
Die Welt zu sehen, wie sie ist.
Als Greis er noch den Traum sich gönnt,
Die Welt zu sehn, wie sie sein könnt.

DAS ISTS!

Ein Mensch ißt gerne Kuttelfleck.
Ein andrer graust sich – vor dem Dreck:
Die ganze Welt, das ist ihr Witz,
Ist Frage nur des Appetits.

VIELDEUTUNG

Ein Mensch schaut in die Zeit zurück
Und sieht: Sein Unglück war sein Glück.

Der letzte Mensch

Ein Mensch, der sich zwar selber sagt,
Daß Altersweisheit nicht gefragt,
Läßt trotzdem noch einmal was drucken
Und hofft, die Welt wird es schon schlucken.

SCHERZ

Der Hilfsbereite

Ein Mensch, auf seinem Weg, dem raschen,
Sieht auf der Fahrbahn eine Flaschen,
Die dort ein Unmensch unbekümmert
Hat liegen lassen, wüst zertrümmert.
Der Mensch, bedenkend, daß die Scherben
Leicht Radlern würden zum Verderben,
Will, Nächstenpflicht nicht zu versäumen,
Die Splitter still beiseite räumen.
Es war auch höchste Zeit zur Tat,
Denn siehe da, ein Radler naht
Und fährt, mißdeutend das Geschrei
Des guten Menschen, stramm vorbei.
Dem Schlauch entfährt mit Knall die Luft.
»Ha!« schreit der Radler, »wart, Du Schuft,
Du Idiot, Dich will ich heißen,
Glasscherben auf die Fahrbahn schmeißen!«
Und eh den Sachverhalt er zeigt,
Fühlt sich der Mensch schon ohrgefeigt.
Der Mensch, im weitern Lebenslauf,
Hob nie mehr fremde Scherben auf.

STÖRUNG

Ein Mensch, bereit, mit seinem Witze
Zu münden in die Bleistiftspitze,
Wird jäh im Schreiben unterbrochen:
Ein Unmensch hat ihn fernbesprochen
Und teilt ihm höchst verdrossen mit,
Er wolle eigentlich Herrn Schmitt.
Der Mensch, von Ärger nicht ganz frei,
Erklärt ihm, daß er der nicht sei,
Worauf der Unmensch, tief beleidigt,
Daß richtig er gewählt, beeidigt;
Nun sammelt unser Mensch erneut,
Was an Gedanken liegt zerstreut.
Rasch muß die Fantasie versiegen –
Es schrillt: »Ist hier Herr Schmitt zu kriegen?«
Der Mensch hängt zornig-wortlos ein:
Aha, das muß die Leitung sein!
Zu stopfen die Empörungsquelle,
Der Mensch ruft die Entstörungsstelle.
Doch nichts kommt, als »Halloh!« und »Ja!?«
Und dann: »Ist Schmitt jetzt endlich da?«
Der Mensch war an dem Vormittage
Zu dichten nicht mehr in der Lage.

DER FÜRSPRECH

Ein Mensch, von einem Freund gebeten,
Wenn möglich, für ihn einzutreten,
Erklärt in prahlerischem Mut,
Er kenn den hohen Herrn recht gut,
Und nur ein Wink von ihm genüge,
Daß alles sich zum Besten füge.
Doch jetzt, wos gilt, daß ers verfecht,
Kennt er den hohen Herrn recht schlecht.
Gemahnt, befleht, zuletzt bedroht,
Stellt sich der Mensch nun mausetot,
Bis – Gott sei Dank nach kurzer Frist –
Der hohe Herr es wirklich ist.
Da wird er wieder munter: »Schade!
Jetzt wollt ich ihn besuchen grade!«

WARNUNG

Ein Mensch, verführt von blindem Zorn,
Bläst in das nächste beste Horn.
Nun merkt er, nach dem ersten Rasen,
Daß er ins falsche Horn geblasen.
Zu spät! Der unerwünschte Ton
Ist laut in alle Welt entflohn.
Wenn schon Moral, dann wär es diese:
Daß man am besten gar nicht bliese!

Immer falsch

Ein Mensch – seht ihn die Stadt durchhasten! –
Sucht dringend einen Postbriefkasten.
Vor allem an den Straßenecken
Vermeint er solche zu entdecken.
Jedoch, er bleibt ein Nicht-Entdecker –
Dafür trifft fast auf jedem Fleck er
Hydranten, Feuermelder an,
Die just er jetzt nicht brauchen kann.
Der Mensch, acht Tage später rennt
Noch viel geschwinder, denn es brennt!
Doch hält das Schicksal ihn zum besten:
An jedem Eck nur Postbriefkästen!

Zweifel

Ein Mensch ist fest dazu entschlossen:
Das gute Kräutchen wird begossen,
Das schlechte Unkraut ausgerottet. –
Doch ach, des Lebens Wachstum spottet,
Und oft fällts schwer, sich zu entschließen:
Soll man nun rotten oder gießen?

WUNDERLICHER TAG

Ein Mensch, um vieles zu besorgen,
Will in die Stadt, schon früh am Morgen.
Zur Straßenbahn lenkt er den Schritt –
Ein Freund nimmt ihn im Wagen mit.
Zu Meier ist sein erster Gang:
Ihm schuldet er zehn Mark schon lang.
Kein Mensch daheim – ein Fehlbesuch!
Nun will er kaufen sich ein Buch.
Er hört, daß es vergriffen sei. –
Jetzt ins Museum: Eintritt frei!
Ins Amt, zu zahlen die Gebühr –
»Geschlossen!« steht da an der Tür.
Dem Bettler dort will er was geben –
Doch tun das schon fünf andre eben.
Soll er nicht ein paar Kirschen kaufen?
Nein – zu abscheulich liegt der Haufen.
Nun geht ins Gasthaus er zum Essen.
Dort sitzt – und ist schon lang gesessen –
Ein Kamerad, der hoch sich freut
Und drauf besteht: »*Ich* zahle heut!«
Der Mensch nimmt unterwegs ein Los,
Greift, es zu zahlen, in die Hos:
Umsonst, denn leer sind alle Taschen!
Doch bleibt er in des Glückes Maschen:
Der Mann, sonst überreich an Nieten,
Kann eine Mark Gewinn ihm bieten.
Die Hälfte, fünfzig Pfennig, waren
Nun Geld genug, um heimzufahren.

Ein Gleichnis

Ein Mensch beäugt im halben Traum
Die Lichter still am Weihnachtsbaum.
Und Wehmut schleicht sich ihm ins Herze,
Wie Kerze niederbrennt um Kerze.
Oft sind es grad die starken, stolzen,
Die unverhofft hinweggeschmolzen.
Zuletzt sind sechse oder sieben
Als arme Stümplein übrig blieben.
Der Mensch, nicht aberglaubenfrei,
Sucht eins, daß es das seine sei.
Hoch oben flackert eins und lischt,
Tief unten raucht eins und verzischt.
Ein drittes blau nach Luft noch schnappt –
Schon ist sein Wachs davongeschwappt.
Doch seines, wie's auch knisternd keucht,
Erhebt sich neu zu Goldgeleucht.
Die Schatten werden riesengroß –
Das eine – seine – hält sich bloß.
Ein letztes Tasten noch des Lichts –
Dann kommt das ungeheure Nichts.
Der Mensch entreißt sich seinem Wahn –
Und knipst die Deckenlampe an ...

DER PILZ-FACHMANN

Ein Mensch, als Schwammerlkenner groß,
Hat ein beklagenswertes Los:
Daß er sich ausruht und gut nährt,
Aufs Land er zu Verwandten fährt –
Statt dessen heißt es gleich: Hurrah!
Jetzt ist der Schwammerlonkel da!
Schon wird mit Freund und Freundesfreund
Den ganzen Tag der Wald durchstreunt;
Dem Menschen wird zur sauren Pflicht
Der ambulante Unterricht:
Man hetzt ihn wild bergauf, bergab:
»Schau her, was ich gefunden hab!«
Als Lehrkraft ist er sehr von Nutzen
Besonders auch beim Schwammerlputzen,
Und nachts noch muß er überwachen
Die Kochkunst, Pilze einzumachen.
Und weil dort jeder Schwammerl mag
Und sie nicht aß seit Jahr und Tag,
Gibts als Gemüs, Salat und Suppen,
Nur Schwammerl, ach, bis in die Puppen.
Die Kirchweihgans wird erst verspeist,
Wenn er schon wieder abgereist.

FEHLENTWICKLUNG

Ein Mensch hat ohne Neid entdeckt,
Daß Pläne, die er lang geheckt,
Sich haargenau mit solchen decken,
Die zwei Vereine schon bezwecken.
Der Mensch hat drum den Wunsch, den einen,
Die zwei Vereine zu vereinen.
Doch weckt er, was er nicht bedacht,
Statt Eintracht Zwie-, ja Niedertracht.
Denn Präsident schreit wie Kassier:
»Was wird bei Einigung aus mir?«
Der Mensch, der gern sich hätt verbündet,
Hat selber nun verein-gegründet
Und unversehns dabei die alten
Vereine auch mit aufgespalten.
Die Ziele sind – im Grund die gleichen –
Von nun an nie mehr zu erreichen.

UNFASSBAR

Ein Mensch, zum Greis herangereift,
Rückschauend leidlich noch begreift,
Wie er durch die zwei Kriege kam
Und selbst die Hitler-Hürde nahm.
Doch ewig bleibt ihm rätselhaft,
Wie einst er das Pennal geschafft.

HOFFNUNGSLOS

Ein Mensch begibt sich ahnungslos
In einer Freund-Familie Schoß,
Wo man nicht fernsieht, rundfunkdudelt –
Nein, geistvoll im Gespräch versprudelt.
Doch leider sieht der Mensch erst jetzt,
Daß man die Stühle streng gesetzt
Und alles schweigend und gespannt
Auf Buntes starrt an weißer Wand:
Ein Unmensch zeigt in langen Serien,
Wie er verbracht hat seine Ferien.
Vor Bildern, ziemlich mittelmäßig,
Sitzt nun der Mensch, schon lahmgesäßig;
Und pausenlos wird er befragt,
Was er zu diesen Bildern sagt.
Zum Sagen kann er gar nicht kommen:
Das Lob wird gleich vorweggenommen.
Die ganze Sippe, wild und wilder,
Verlangt noch die Familienbilder.
Der Mensch muß anschaun, ohne Gnaden,
Klein-Hänschen – ach, wie herzig! – baden;
Und nicht verschont wird er nun auch
Mit Muttis Reizen, Papis Bauch.
Der Mensch, der lang nach Mitternacht
Todmüd sich auf den Heimweg macht,
Beschließt, nie wieder werd er Gast,
Wo schon die Technik Fuß gefaßt.

VERFEHLTE BEGEGNUNG

Ein Mensch kommt spät in eine Stadt,
Drin einen alten Freund er hat.
Doch spielt – wie heißt der Freund denn gleich? –
Ihm das Gedächtnis einen Streich.
Der Mensch hat qualvoll nachgedacht
Und hat, bis gegen Mitternacht,
Das Telefonbuch wild durchblättert –
Umsonst. – Doch andern morgens schmettert
In Form von riesiger Reklame
Am Bahnhof der gesuchte Name;
Zu spät liest er, ganz gelb vor Ärger:
»Wenn Radio, dann Zitzelsberger!«

LEBENSLEITER

Ein Mensch gelangt, mit Müh und Not,
Vom Nichts zum ersten Stückchen Brot.
Vom Brot zur Wurst gehts dann schon besser;
Der Mensch entwickelt sich zum Fresser
Und sitzt nun, scheinbar ohne Kummer,
Als reicher Mann bei Sekt und Hummer.
Doch sieh, zu Ende ist die Leiter:
Vom Hummer aus gehts nicht mehr weiter.
Beim Brot, so meint er, war das Glück. –
Doch findet er nicht mehr zurück.

BÖRSE DES LEBENS

Ein Mensch, wie uns der Weltlauf lehrt,
Schwankt ungemein in seinem Wert.
Wenn er auch selber kaum sich wandelt:
Zum Tageskurs wird er gehandelt,
Und es ist nicht vorauszusehn
Wie morgen seine Aktien stehn.
Er wähnt sich fest und steht doch kurz
Vor einem großen Börsensturz,
Bleibt lustlos und erholt sich wieder
Und wird, im ewigen Auf und Nieder,
Was er zu hoffen nicht gewagt,
Ganz stürmisch – ohne Grund – gefragt.
Dann legt er selbst sich hin zum Sterben. –
Ein Weilchen handeln noch die Erben,
Bis er sich in der Zeit verliert:
Nicht an der Börse mehr notiert.

VERGEBLICHE EINSICHT

Ein Mensch, der hinnahm Streich um Streich,
Sprach zu sich selbst: »Ich bin zu weich!
Ab heut entfalt ich Kraft und Witz:
Ich werde hart, ich werde spitz!«
Doch mußt er an sich selbst verzagen:
Schon war er wieder breitgeschlagen!

SELBSTQUÄLEREI

Ein Mensch, der in der Heimatstadt
Das schönste Haus samt Garten hat –
Ein Glück der wenigsten Familien!! –
Liest täglich unter »Immobilien«,
In seiner Zeitung, Spalt um Spalte, –
Erst nur, daß er sich unterhalte,
Doch bald schon unterm strengen Zwang,
Er *müßt* was suchen – stundenlang.
Sollt er, wie andre Zeitgenossen,
Auch siedeln bei den Eidgenossen?
Dürfts ihn an fernen Sonnenküsten
Nach dolce vita noch gelüsten?
Würd nicht aus solchen Paradiesen
Beim ersten Krach er ausgewiesen?
Nimmt er, zu seines Weibes Schonung,
Sich, winzig, eine Wabenwohnung?
Wagt er, romantisch, einen Streich
Und kauft ein Schloß in Österreich?
Zieht er zurück sich, treu und bieder
Nach Oberbayern, ja gar Nieder-?
Wird er zum Fraß der Chiemseeschnaken?
Kurz, alles hat halt seinen Haken.
Sich windend in der Qual der Wahl,
Was er denn möcht und wie ers zahl,
Schwelgt er dann doppelt im Genuß,
Daß er ja gar nichts suchen muß.

TECHNIK

Ein Mensch, zu schlafen im Begriffe,
Hört von der Straße laute Pfiffe.
Er reißt empört das Fenster auf:
Ein alter Freund ruft froh herauf,
Ob er – es sei doch grad erst zehn –
Nicht Lust hätt, mit ihm auszugehn.
Grob schmeißt der Mensch das Fenster zu:
»Ich schlaf schon halb! Laß mich in Ruh!«
Ein Unmensch greift – und zwar um elf –
Zum Telefon als Notbehelf
Und schrillt den Menschen aus dem Schlummer,
Wählt obendrein die falsche Nummer!
Der Mensch, so wüst herausgeschellt,
Bleibt höflich, als ein Mann von Welt.
So ists: das Pfeifen, das natürlich,
Empfinden wir als ungebührlich.
Doch schaltet wer die Technik ein,
Wagt keiner, ehrlich grob zu sein.

VORSICHT

Ein Mensch, der – weil ers längst erprobt –
Den Tag nie vor dem Abend lobt,
Lernt selbst am Abend noch zu zittern:
Denn oft kommts auch zu Nachtgewittern.

DER TERMIN

Ein Mensch, der sich, weils weit noch hin,
Festlegen ließ auf den Termin,
Sieht jetzt, indes die Wochen schmelzen,
Die schwere Last sich näher wälzen.
Er sucht nach Gründen, abzusagen,
Er träumt, noch in den letzten Tagen,
Wie einst als Schulbub, zu entwischen:
Ein schwerer Unfall käm dazwischen ...
Umsonst – es bleibt ein leerer Wahn:
Der schicksalsvolle Tag bricht an! –
Und geht dann doch vorüber, gnädig.
Der Mensch ist froh, der Sorgen ledig.
Er schwört, er hab daraus gelernt –
Doch wie sich Tag um Tag entfernt,
Hat Angst und Qualen er vergessen –
Und läßt sich unversehens pressen
Zu noch viel scheußlicherm Termin –
Denn es ist weit und weit noch hin.

FESTSTELLUNG

Ein Mensch wird laut, wenn er was will;
Wenn ers erst hat, dann wird er still:
Das »Danke!« ist, nach alter Sitte,
Weit seltner als das »Bitte, bitte!«

BRIEFWECHSEL

Ein Mensch, der weiß, wie lang und lieb
Die Welt sich voreinst Briefe schrieb,
Denkt lang darüber hin und her:
Warum tut sie das heut nicht mehr?
Er wähnt, die Gründe hab er schon:
Zeitmangel, Zeitung, Telefon.
Doch nein, wer ernstlich wollt, dem bliebe
Genügend Muße, daß er schriebe.
Ist er zu faul nur, zu bequem?
Gleich wird er schreiben – aber *wem?*
Wer teilt, so überlegt er kühl,
Mit mir noch meinen Rest Gefühl,
Daß sichs verlohnt, in längern Zeilen
Ihm dies Gefühl erst mitzuteilen?
Verschwend ich darum Herz und Geist,
Daß ers in den Papierkorb schmeißt?
Schon wird ihm, kaum daß ers bedacht,
Selbst von der Post ein Brief gebracht:
Voll Überschwang und Herzensdrang,
Vier handgeschriebne Seiten lang.
Er überfliegt sie; rückzuschreiben,
Läßt er, schon Unmensch, besser bleiben.
Es könnt sich, fruchtbar gleich Karnickeln,
Briefwechsel sonst daraus entwickeln.
Er weiß jetzt, wie die Dinge liegen:
Kein Mensch will auch noch Briefe *kriegen!*

So gehts

Ein Mensch samt seiner Frau sich quält:
Was schenkt man wem, der sich vermählt?
Das ist die Schwierigkeit des Falles:
Das reiche junge Paar hat alles!
Wie? Soll man gegen bar was kaufen?
Birgt Schrank und Truh nicht einen Haufen
Von Kunstgewerbe, lauter Sachen,
Die andern Leuten Freude machen?
Sie mustern, jetzt schon voller Wut:
Dies ist zu schlecht, dies ist zu gut.
Gern gäb die Frau, wovon der Mann
Sich leider noch nicht trennen kann
Und wieder andres, umgekehrt,
Ist viel zu sehr der Gattin wert.
Jetzt endlich haben sie, nach Stunden,
Das einzig richtige gefunden:
Die wunderschönste Blumenvase
Aus edlem Venezianer-Glase.
Doch rasch entbrennt der Streit erneut,
Weil ihn bald und bald sie es reut,
Weils viel zu kostbar zu dem Zwecke –
Sie stellens wieder in die Ecke:
Und knacks! schon bricht durch Schicksals Tücke
Das wundervolle Stück in Stücke.
Ergebnis: daß sie nicht dran denken
Noch überhaupt was herzuschenken!

DER UNMUSIKALISCHE

Ein Mensch läg gerne schon im Bett –
Doch endlos zirpt noch ein Quartett.
Der Mensch, der nichts davon versteht,
Harrt stumm, daß es zu Ende geht.
Nur wenn mit schwitzend schnellen Händen
Die Künstler ihre Blätter wenden,
Sucht er, ganz heimlich, zu erschielen,
Wie lang die Viere wohl noch spielen.
Er horcht, wie sie in Trillern waten.
Und breit sich stürzen in Fermaten,
Bald kühn sich auf die Spitze geigen,
Bald furchtlos in die Tiefen steigen
Und oft, aufs äußerste verwirrt,
In Labyrinthe, weit verirrt,
Doch tönetastend, gleich den Blinden
Sich zaubrisch neu zusammenfinden.
Fast wirds dem Menschen schon Genuß –
Da sind sie unverhofft am Schluß.
Der Mensch, daheim, noch vor dem Schlafen,
Denkt voller Achtung an die Braven,
Und sinnt, geraume Zeit, im Hemd,
Wie ihm Musik, an sich zwar fremd,
Doch diese Vier fast nahe brachten,
Die sie so kunstgeläufig machten.

DER FAHRGAST

Ein Mensch, ders eilig hat, hat Glück:
Ein Auto nimmt ihn mit ein Stück,
Ja, im Gespräch stellt sich heraus:
»Da bring ich Sie ja fast vors Haus! –
Nur ein Momenterl, bitte, ja,
Ich geb was ab – gleich wieder da!«
Der Mensch denkt, wartend mit Behagen:
»Das ist halt nobel, so im Wagen!«
Doch langsam fängt er an, zu bluten:
Versprach der Herr nicht, sich zu sputen?
Da kommt er ja! Kaum, daß er sitzt,
Gehts fort schon, daß es nur so flitzt.
»Jetzt bloß noch einen Augenblick,
Ich schau was nach in der Fabrik!«
Der Wagen braust, der Wagen hält.
Und die Fabrik liegt aus der Welt.
Der Mensch, auf Gnad und Ungenaden,
Dem Herrn, der ihn zur Fahrt geladen,
Hier in der Wüste ausgeliefert,
Fühlt, wie es bröckelt schon und schiefert:
Erst reißt die Firnis stolzer Huld,
Dann, tiefer gehend, die Geduld.
Er wechselt nun, von Dank und Lob
Zu dem Entschluß: Bald werd ich grob.
Und wirds, wie jetzt der Herr erklärt,
Daß er noch schnell nach Schwabing fährt.
Zwei schwören nunmehr, die sich hassen:
Nie mehr mitfahren, – nie mehr lassen!

Die Abmachung

Ein Mensch hat – »gut, es bleibt dabei:
Am Samstag nachmittag um drei« –
Fürs Wochenende einen faden
Bekannten endlich eingeladen,
Was er ihm schon seit einem Jahr
Aus höhrer Rücksicht schuldig war.
Als hätt der Teufel es gerochen,
Daß unser Mensch sich fest versprochen,
Läßt hageln er auf diesen Tag
Aufforderungen, Schlag auf Schlag.
Worauf der Mensch seit Wochen wartet,
Jetzt kommts daher, wie abgekartet.
Der Mensch, von Pflichtgefühl ummauert,
So schwer es ihm auch fällt, bedauert.
Die lauten Lockungen und leisern
An ihm zerschellen – er bleibt eisern.
Am Samstag früh kommt eine Karte,
Drin, daß der Mensch umsonst nicht warte,
Der Unmensch mitteilt, höflich-dreist,
Er sei heut ins Gebirg gereist.
Den Menschen zu besuchen, hätt er
Auch später Zeit, bei Regenwetter.

EINSICHT

Ein Mensch, der selbstverständlich hofft,
Das Glück käm einmal noch und oft,
Weiß nie – denn wer kann Zukunft lesen? –,
Obs nicht zum letzenmal gewesen.
Wohl wird – was einzusehen peinlich –
Verschiedenes recht unwahrscheinlich:
Sieh an: das letzte Weiberglück
Liegt dreißig Jahre schon zurück.
Auch vom Gesang ist nichts zu hoffen. –
Der Wein – die Frage bleibt noch offen,
Schon bei der nächsten der Visiten
Kann ihn der Doktor streng verbieten.
Der Mensch glaubt gerne, Rom, Athen
Könnt jeden Tag er wiedersehn.
Doch steht schon fest im Lebensbuch:
Rom – im Jahr fünfzig: Letztbesuch.
Wärs nicht gelacht, daß kleinste Dinge
Der Alltag freundlich wiederbringe?
Der Mensch, zum Glück bedenkt ers nicht, –
Aß längst zuletzt sein Leibgericht.
Eh die Zigarrenkiste leer,
Ist er schon fort – und raucht nicht mehr:
Das Brünnlein noch ein Weilchen geht:
Der Haupthahn ist schon abgedreht.

DER WALDGÄNGER

Ein Mensch im Wald ging für sich hin
Und nichts zu suchen, war sein Sinn.
Doch welch ein Glück! Ein Steinpilz stand,
Ein Prachtstück, dicht am Wegesrand.
Der Mensch, nun schon voll Sucherdrang,
Trug ihn in Händen, stundenlang. –
Dann endlich sah er seufzend ein,
Wie wertlos solch ein Pilz allein.
Er warf ihn fort, ging unfroh weiter:
Da stand, nicht ganz so schön, ein zweiter.
Der Mensch, vom ersten Fall gewitzt,
Daß man mit *einem* – nichts besitzt,
Verzichtete und ließ ihn stehen,
Zumals schon Zeit war, heimzugehen.
Doch tretend aus des Waldes Mitten,
Sah unverhofft er einen dritten:
Den pflückte er, mit wildem Eifer. –
Doch wie er auch, als Forstdurchstreifer,
Jetzt schwitzend durch das Dickicht hetzte,
Der dritte, kleinste, blieb der letzte.
Den hat er müde, in der Nacht,
Von seinem Waldgang heimgebracht.
Um die Moral nicht zu versäumen:
Glück in zu weiten Zwischenräumen –
Und schiene es auch einzeln groß –
Beunruhigt unsre Seele bloß...

DER SPARSAME

Ein Mensch, in langem Lebenslauf,
Hebt kurzweg alles, alles auf,
Was man vielleicht noch einmal braucht:
Zigarrenkisten, ausgeraucht,
So Wein- wie Apothekerflaschen,
So Packpapier wie Tragetaschen.
Auch hat er Schnüre aller Art
Erst aufgeknüpft, dann aufgespart,
Hat Korken, Klammern, Schrauben, Nägel,
Gehortet sich nach strenger Regel.
Ihn selber bringt es oft zum Rasen,
Wie alle mit Verpackung aasen;
Er freut sich schon des Augenblicks,
Wo, am berühmten Tage X,
Zusammenbricht das Wirtschaftswunder
Und Sachwert wird, was heute Plunder.
Er sieht im Geist schon das Gebettel
Um Gummischnürchen, leere Zettel,
Und wie er gnädig, fast ein Gott,
Mit Güte heimzahlt allen Spott.
Doch leider eh er so umworben,
Ist unser guter Mensch gestorben
Und herzlos werfen seine Erben
Das ganze Zeug zu Schutt und Scherben.

ZWISCHENTRÄGEREIEN

Ein Mensch, in seiner ersten Wut,
Tut, was sonst nur ein Unmensch tut:
Er läßt sich, bös auf einen zweiten,
Zu übler Schimpferei verleiten –
Was dieser zweite erst erfährt,
Als längst der alte Streit verjährt.
Der zweite, jetzt mit Wut geimpft,
Gewaltig auf den Menschen schimpft,
Was diesem, trotz Verschweigens-Bitte,
Brühwarm berichtet nun der dritte.
Jetzt bricht der Mensch, kein Zorn-Verberger,
Jäh mit dem zweiten, voller Ärger
Und der mit dem, der nicht gezaudert
Und das Geschimpfe ausgeplaudert.
Der dritte grollt natürlich beiden:
Drei können nie sich wieder leiden.
Ein vierter, brav, als Brückenschläger,
Wird abgetan als Zwischenträger,
Ein fünfter, allen vier gewogen,
Wird in den Streit hineingezogen
Und auch dem sechsten, siebten, achten
Mißglückts, zu einen die Verkrachten.
Ein alter Freundeskreis zerfällt,
Wenn *einer* nur sein Maul nicht hält.

RÜCKZUG

Ein Mensch wem in die Arme läuft,
Den er mit Achtung überhäuft
Und dringend gleich zu Gaste lädt,
Bis er im Reden, fast zu spät,
Noch merkt, daß dieser Erdenwandrer
Zwar ein Bekannter, doch ein andrer
Und ungeeignet jedenfalls,
Ihn sich zu laden auf den Hals.
Der Mensch, rückziehend seine Fühler,
Wird unversehens kühl und kühler:
So dringend, wie mans grad besprochen,
Gehts nicht – am frühsten in vier Wochen.
Doch halt! Just fällt es ihm noch ein:
Da muß er ja in Hamburg sein!
Am besten scheint es, gleich zu sagen:
Kurz nach den Weihnachtsfeiertagen!
Nur weiß er heut noch nicht bestimmt,
Ob er sich da nicht Urlaub nimmt.
Am richtigsten ist offenbar,
Sich anzurufen, nach Neujahr.
Dann aber – falls kein Hindernis
Dazwischen käme – ganz gewiß!
Das Sprichwort irrt, daß aufgeschoben
Noch lange nicht sei aufgehoben:
Der Mensch – zu raten ists nicht schwer –
Sah niemals den Bekannten mehr ...

KETTENREAKTION

Ein Mensch erzählt daheim, empört,
Daß – wie am Stammtisch er gehört –
In Wutausbrüchen, ungezügelt
Ein Unmensch seine Frau geprügelt.
Wie tut die Frau der Gattin leid:
»Da sieht man, wie Ihr Männer seid!«
Schon reißt dem Menschen die Geduld:
»Vielleicht war *sie* auch mit dran schuld!?«
So sieht man bald die beiden streiten –
Und beinah kommts zu Tätlichkeiten.
Ein dritter, lang und gut vermählt,
Gemütlich dies der Frau erzählt:
»Nie käms bei uns zu solchem Hasse,
Weil ich mir alles bieten lasse!«
»Wer«, fängt die Frau an, aufzumucken,
»Wenn *ich* nicht, muß hier alles schlucken?«
Die sich jahrzehntelang vertragen,
Sind nah daran, sich auch zu schlagen.
Ein vierter hört und meldet das –
Und schon wird Ernst, was grad noch Spaß.
Ein böses Wort das andre gibt –
Duett: »Du hast mich nie geliebt!«
Das böse Beispiel, unbestritten,
Verdirbt auch hier die guten Sitten.

FALSCHE RECHNUNG

Ein Mensch erwirbt, den Vorteil nutzend,
Sich Karten fürs Konzert im Dutzend.
Beim ersten muß er staunend lesen,
Daß – gestern es bereits gewesen.
Beim zweiten – was den Vorteil mindert! –
Ist er beruflich just verhindert.
Beim dritten – 's geht punkt acht Uhr an! –
Streikt hoffnungslos die Straßenbahn.
Er glaubt nicht, daß das vierte lohn':
Statt Mozart spielt man Mendelssohn.
Das fünfte er versäumen mußte –
Grund: sein Geschneuze und Gehuste.
Das sechste, siebente und achte
Verschenkt' er, weil er Ferien machte.
Das neunte endlich und das zehnte
Genoß er, wie er's längst ersehnte.
Nur ungern ging er in das elfte
Und floh schon nach der ersten Hälfte.
Das zwölfte hätte ihm behagt –
In letzter Stund wards abgesagt.
Der Mensch tat nunmehr einen Schwur,
Er kaufe Karten einzeln nur
Und, statt daß er sich zwingen lasse,
Geh er bloß, wenns ihm grade passe.
Doch paßts ihm nie – und als Banause
Bleibt er jetzt überhaupt zuhause.

ILLUSTRIERTE

Ein Mensch, der sich die laute Welt,
Wo es nur geht, vom Leibe hält,
Sieht voller Abscheu, wie sie giert
Nach Wochenblättern, illustriert.
Nie kommt ihm solcher Schund ins Haus!
Er schwörts – und hälts auch tapfer aus,
Trotz wilder Werbung der Verleger.
Ja, selbst beim Zahnarzt, Haarepfleger,
Läßt er, getreu dem mene tekel,
Die Hefte liegen, voller Ekel.
Jedoch, des Teufels List ist groß:
Im Schnellzug lockt ein ganzer Stoß,
Wie ihn ein fremder Herr durchblättert
Und dann beim Fortgehn hingeschmettert.
Die Fahrt ist lang, die Fahrt ist lang ...
Es wächst die Lust, sie wird zum Zwang:
Sollt er, statt gähnend dazusitzen,
Nicht flüchtig in die Blätter spitzen?
Sein Widerstand muß sich verringern:
Schon kribbelts ihn in allen Fingern.
Warum denn nicht? Er tuts gewiß
Nur, um zu nehmen Ärgernis.
Der Mensch, er schaut, er liest – zuletzt
Beim Krimi heißts: »Wird fortgesetzt!«
Der Mensch – kaum kommt er an – muß laufen,
Die jüngste Nummer sich zu kaufen.

DER RIESE

Ein Mensch – sonst Mensch wie andre bloß –
Ist gut und gern zwei Meter groß
Und, gleich der Wetterstangen-Spitze,
Zieht er auf sich die Geistesblitze.
Die Leute kränkts, daß die nicht heiter
Auffängt der Mensch als Witzableiter –
Vielmehr den Blitz, samt Donnerkrach,
Lenkt auf des Witzbolds eignes Dach.
Der Mensch, so kommts den Leuten vor,
Besitzt wohl keinerlei Humor;
Denn jeder bildet sich ja ein,
Er mache solchen Scherz allein.
Doch trifft den Menschen, Tag für Tag
Der gleiche Witz – und Schlag auf Schlag.

TALENT UND GENIE

Ein Mensch genießt zwar allgemein
Das Lob, ein heller Kopf zu sein.
Doch glänzt – merkt ein genauer Kenner –
Er mäßig nur, als Dauerbrenner.
Ein andrer Mensch ist oft verdunkelt;
Doch wenn er einmal plötzlich funkelt,
Dann leuchtet er auch weltenweit. –
Das macht: der Mensch ist blitzgescheit!

DER URGREIS

Ein Mensch, als Greis, hats manchmal leicht,
Wenn er die neunzig erst erreicht:
Gefragt, ob er in Rom gewesen,
Ob ganz er je Jean Paul gelesen,
Kann er Beschämung sich ersparen:
»Ah«, seufzt er, »so vor sechzig Jahren...«
Ja, dreist wagt er darauf zu pochen,
Daß er mit Bismarck noch gesprochen;
Gibt er sich nicht zu arge Blößen,
Prahlt leicht er mit verschollnen Größen,
Weil längst in kühler Erde schlafen
Die, die ihn Lügen könnten strafen.
Was? Lügen? Ist dies Wort erlaubt?
Er sagt doch nur, was selbst er glaubt.
Wir gönnens ihm noch die paar Jährchen:
Ist er doch längst sein eignes Märchen!

ENTSCHEIDUNGEN

Ein Mensch, der für den Fall, er müßte,
Sich – meint er – nicht zu helfen wüßte,
Trifft doch den richtigen Entschluß
Aus tapferm Herzen: denn er *muß!*
Das Bild der Welt bleibt immer schief,
Betrachtet aus dem Konjunktiv.

GESCHEITERTER VERSUCH

Ein Mensch, der bis um Mitternacht
Vergeblich über was gedacht,
Auf jenen Bibelspruch noch traf:
»Den Seinen gibts der Herr im Schlaf.«
Um einzuheimsen solchen Segen,
Beschloß er, sich aufs Ohr zu legen,
Um, eignen Denkens zum Ersatze,
Zu horchen still an der Matratze.
Doch leider hat er, Stund um Stunden
Noch nicht einmal den Schlaf gefunden,
Den dringend er gebraucht hätt, eben,
Sollt ihm der Herr darin was geben.
Der Mensch, in qualvoll halbem Wachen,
Mußt selber sich Gedanken machen.

LEIB UND SEELE

Ein Mensch mißachtet die Befehle
Des bessern Ich, der zarten Seele –
Bis die beschließt, gekränkt zu schwer:
Mit dem verkehre ich nicht mehr.
Sie lebt seitdem, verbockt und stumm
Ganz teilnahmslos in ihm herum.

DER SCHÜTZE

Ein Mensch ging durch die Jahrmarktsbuden,
Wo Mädchen ihn zum Schießen luden:
»Drei Schuß«, so rief es, »eine Mark!«
Der Mensch legt an – er zittert stark –,
Doch reihen nah auf dem Gebälke
Ganz dicht sich Rose, Tulpe, Nelke.
Die Rose, die der Mensch gewählt,
Die hat er allerdings verfehlt;
Durch Zufall aber kam zu Fall
Die Nelke bei dem falschen Drall.
Schuß zwei: die diesmal nicht sein Ziel,
Die Rose, aus dem Gipsschaft fiel.
Beim dritten Schuß brach eine Tulpe,
Die nicht gemeint war, aus der Stulpe.
Der Mensch ging stolz, papierbeblümt
Und hat als Schütze sich gerühmt:
Als hätte er auf das gezielt,
Was ihm das Glück nur zugespielt.

TROST

Ein Mensch, entschlußlos und verträumt,
Hat wiederholt sein Glück versäumt.
Doch ist der Trost ihm einzuräumen:
Man kann sein *Unglück* auch versäumen.

LOB DES KAFFEES

Ein Mensch, mit Klopstock, hat bedacht:
Vergraben sei in ewiger Nacht
Oft der Erfinder großer Namen –
Wer wars, der des Kaffeebaums Samen,
Daran wir heut uns alle trösten,
Zu finden wußte und zu rösten,
Dann ihn zu mahlen und zu sieden?
Kein Denkmal ward ihm je beschieden.
Doch erzgegossen = hochgeboren
Prahlt, wer bloß eine Schlacht – verloren!
Doch nur getrost! Wenn hingeschmolzen
Schon längst das Denkmal dieses Stolzen,
Ja, wenn die Menschen seiner spotten,
Wird immer noch Kaffee gesotten.
Das Gute – nicht nur dieser Trank! –
Hat in sich selber Ruhm und Dank.

VERGEBLICHE FREIHEIT

Ein Mensch, vom Alltag schier bezwungen,
Hat sich zur Freiheit durchgerungen
Und gibt sich heilig das Versprechen,
Wohin er will, jetzt aufzubrechen.
Er sitzt noch heut zuhause still:
Er weiß ja nicht, wohin er will!

ERFREULICHER IRRTUM

Ein Mensch sieht an der Straßenecke –
Wie *er* meint, zu verruchtem Zwecke! –
Ein Mädchen stehen, wohlgebaut...
Doch ach, wie er nun näher schaut,
Hält dieses wunderschöne Mädchen
Starr in den Händen ein Traktätchen,
Das es (statt seiner selbst) hält feil,
Um nichts besorgt als Seelenheil.
Der Mensch, bereit zur Sünde grad,
Schlägt ein den schmalen Tugendpfad,
Froh, daß dies Weib zu nichts verführe
Als zum Erwerbe der Broschüre.
Und lang noch dankt er dieser Frommen,
Daß er so billig weggekommen.

TRAURIGER FALL

Ein Mensch ist leider ziemlich schüchtern
Und ohne Schwung, so lang er nüchtern.
Doch zündet kaum bei ihm der Funken,
Ists schon zu spät: er ist betrunken.
So muß er immer wieder scheitern:
Nie glückts ihm, sich nur anzuheitern.

BEINAHE

Ein Mensch ist höchst darob erbost:
Beinahe – ists nicht Hohn, statt Trost? –
Hätt er fürs Lotto recht gewählt.
Nur *eine* Ziffer war verfehlt.
Wüst klagt der Mensch das Schicksal an,
Das diesen Tort ihm angetan.
Dem Menschen, der geschimpft so dreist,
Erscheint das Schicksal, nachts, als Geist:
»Soll ich mich von Dir schelten lassen?
Willst ›beinah‹ Du nicht gelten lassen?
Dein Glück, Dein Leben wär verspielt,
Hätt ich genau auf Dich gezielt.«
Seitdem trägts still der Mensch im Leben,
Geht einmal haarscharf was – daneben.

AUSGERECHNET...

Ein Mensch, von kleinauf, wird belehrt,
Daß sich sein Leben selbst erschwert,
Wer, statt daß er am Schopf sie faßt,
Stets die Gelegenheit verpaßt,
Nun endlich, voll Verwegenheit,
Ergreift er die Gelegenheit.
Erst viel zu spät wird es ihm klar,
Daß diesmal just es keine war.

DEMNÄCHST

Ein Mensch spricht mit dem Freunde fern:
Sie sähn sich – endlich! – wieder gern!
Doch eh sie ganz die Glut entfachen,
Um gleich ein Treffen auszumachen,
Verlöschen eilig sie die Flammen:
»Wir rufen demnächst uns zusammen!«
Sie haben auch, nach drei, vier Wochen,
Am Telefon sich neu besprochen;
Und sie vereinen die Entschlüsse,
Daß man sich demnächst sehen müsse.
So trieben sies noch manches Jahr –
Bis einer – ohne Anschluß war.

KONTAKTLOS

Ein Mensch mag noch so wertlos sein –
Er ist doch nicht nur tauber Stein:
Hat er nicht gleich ein goldnes Herz,
Ein bißchen führt ein jeder Erz:
Seis Silber, Kupfer, Eisen, Zinn,
Ja, seis nur Blei – es steckt was drin.
Jedoch kein Mensch, obwohl er dürft,
In andern Menschen tiefer schürft,
Weil er von vornhinein betont,
Daß sich der Abbau wohl nicht lohnt.

LEBENSKUNST

Ein Mensch bewahrt, obwohl gescheit,
Sich seine Seelen-Dunkelheit.
Strömt dann das Gnadenlicht herein,
So gibt es doppelt hellen Schein:
Ein hohes Glück, das nie erfährt
Ein Unmensch, längst schon aufgeklärt.

FRAGEN

Ein Mensch wird müde seiner Fragen:
Nie kann die Welt ihm Antwort sagen.
Doch gern gibt Auskunft alle Welt
Auf Fragen, die er nie gestellt.

VERGEBLICHE BEMÜHUNG

Ein Mensch, der aus der großen Stadt
Ins Grüne sich begeben hat,
Läs hier, allein auf weiter Flur,
Recht gern im Buche der Natur.
Doch bald, betrübt er wieder geht:
Denn, ach!, er ist Analphabet!

SATIRE

UNTERSCHIED

Ein Mensch hat seinerzeit, als Schüler
Gelernt, wie einst die Thermopyler
Sich tapfer zeigten, seelengroß,
Obwohl die Lage aussichtslos.
Wie?! War da jeder Mann ein braver?
War der Gehorsam nicht kadaver?
Hat noch ihr stolzer Ruhm zu gelten?
Sind sie nicht stur und dumm zu schelten?
Doch nein: hoch klingt die Heldenmär –
Denn es ist ziemlich lange her.

MITMENSCHEN

Ein Mensch schaut in der Straßenbahn
Der Reihe nach die Leute an:
Jäh ist er zum Verzicht bereit
Auf jede Art Unsterblichkeit.

DER FACHMANN

Ein Mensch, ein armer Laie bloß,
Verspürt doch Weltangst, riesengroß.
Die Luft zum Beispiel, wie ihm deucht,
Sei scheußlich schon atomverseucht.
Der Fachmann aber hat getestet,
Die Luft sei längst noch nicht verpestet.
Der Laie sagt, er sehe schon,
Auch unsre D-Mark schwimm davon.
Der Fachmann aber rechnet listig,
Dem widerspreche die Statistik.
Der Laie meint, mit Seherblick,
Daß zwecklos das Verkehrs-Geflick.
Der Fachmann aber lächelt milde,
Der Gute sei nicht ganz im Bilde.
Erst dann, wenn längst sich das eräugnet,
Was doch der Fachmann streng geleugnet,
Wirft der sich in die Brust und klagt:
Er habe es ja gleich gesagt!

ERMÜDUNG

Ein Mensch erfährt es mit Empörung:
Der schönsten Landschaft droht Zerstörung!
Ein Unmensch baut, und zwar schon bald,
Ein Industriewerk nah am Wald.
Der Mensch hat Glück und ihm gelingt,
Daß er die Welt in Harnisch bringt.
Ja, alles stellt er auf die Beine:
Behörden, Presse, Funk, Vereine,
Die scharf in Resolutionen
Auffordern, die Natur zu schonen.
Der Unmensch hat das oft erprobt:
Er wartet, bis man ausgetobt.
Dann rückt – die Zeit ist ja sein Acker –
Er an mit Säge und mit Bagger.
Eh neuer Widerspruch sich regt,
Hat er den Wald schon umgelegt.
Inzwischen hat sich längst der Haufen
All der Empörer müd verlaufen;
Vergebens stößt in seinem Zorn
Der Mensch nun abermals ins Horn.
Der Landrat rät dem Unbequemen,
Die Sache nicht mehr aufzunehmen;
Es wollen Presse auch und Funk
Sich nicht mehr mischen in den Stunk.
Der Mensch steigt von den Barrikaden:
Er ist zum Richtfest eingeladen.

WOHLSTAND

Ein Mensch läßt sich vom Scheine trügen
Und wähnt, das Leben sei Vergnügen.
Er hat sichs auch so eingerichtet,
Wie sich die Welt das Glück erdichtet:
Er ißt das Beste, trinkt und raucht,
Hat Rundfunk, Fernsehn, was man braucht;
Ja, mehr, als je er durft erwarten:
Er hat ein Haus mit einem Garten,
In schönster Gegend, beinah ländlich,
Und einen Wagen, selbstverständlich.
Auch ist, denn er hat klug gewählt,
Er durchaus angenehm vermählt.
Was soll ihm lästigs Kinderrudel?
Er hält dafür sich einen Pudel.
Er ist, der Leser merkt es schnell,
Für Null-acht-fünfzehn das Modell,
Sowohl daheim wie in den Ferien,
Wie's herstellt heut die Welt in Serien.
Der Mensch, so satt und matt und platt,
Ist stolz auf alles, was er *hat*.
Doch hat auf *Unheil* oft die Welt
Jäh die Erzeugung umgestellt –
Und sie verschleudert ganze Berge:
Glückspilze, Hausbars, Gartenzwerge,
Den eitlen Wirtschaftswunder-Mist
Der Mensch muß zeigen, wer er *ist!*

TEMPORA MUTANTUR

Ein Mensch, dem's Lebenslicht schier losch,
Ist quäkend, hüpfend wie ein Frosch
Dem Auto knapp noch mal entronnen. –
Er flucht, dem Leben neu gewonnen,
Ganz kurz nur, was ihn so erfrischt,
Daß sich das Schreckbild rasch verwischt;
Und eilig hat ers ohnehin:
Termin bedrängt ihn um Termin.
Er findet, abends, heimgekehrt,
Den Fall kaum des Erwähnens wert
Und nachts denkt er nur kurz, im Bette,
Wie leicht es schief gehn können hätte.
Doch lang denkt er darüber nach,
Was er mit Schmitt u. Co. besprach.
Derselbe Mensch, zu Dank und Buß
Wär einst gewallfahrt weit zu Fuß
Und hätt noch bares Geld bezahlt
Für eine Tafel, bunt gemalt,
Wie er zu Tode wär gekommen,
Hätt sich nicht seiner angenommen
Maria, die ihn voller Gnade
Noch grad gerettet vor dem Rade.
Wer dieses liest, wird nicht bestreiten,
Daß wir uns ändern mit den Zeiten.

KÖNIG KUNDE

Ein Mensch vernimmt vieltausendtönig,
Daß jetzt der Kunde wieder König.
Doch er besinnt sich voller Hohn,
Wie man gestoßen ihn vom Thron,
Und ahnt, wie man ihn wieder stieße,
Wenn er sich auf dies Volk verließe...
So lang die Welt so voll von Würsten,
Wird jeder Käufer schnell zum Fürsten;
Doch wenn es um die Wurst geht, dann
Ist König wieder Bettelmann.

FREIHEIT

Ein Mensch schwärmt in Begeistrung hell
Fürs Schweizervolk und seinen Tell,
Der niederschoß den Habsburg-Schergen
Und Freiheit ausrief in den Bergen,
Was ihm, belohnt mit guten Franken,
Noch heut die späten Enkel danken.
Die Welt mit Freiheit gerne prahlt,
Die altverbürgt und längst bezahlt.
Doch kleiner wird der Kreis von Lobern,
Gilts hier und heut, sie zu erobern.

KUNST

Ein Mensch hält an dem Grundsatz fest,
Daß über Kunst sich streiten läßt.
Er widersteht den Avantgarden
Und ihren wortgewandten Barden.
(Modern sein kann heut jeder gut –
Altmodisch sein: dazu brauchts Mut!)
Selbst jung, hat er sich zu den jungen
Expressionisten durchgerungen
Und meint, er habe es geschafft.
Jedoch mit neuer Schöpferkraft
Beginnen nunmehr die Tachisten
Picasso selbst mit auszumisten.
Der Mensch beflügelt seinen Schritt
Und wirklich kommt er grad noch mit.
Wild schreit die Avantgarde: »Patzer!«
Und ritzt in leere Flächen Kratzer.
Der Mensch, nur daß er sei modern,
Beschwört, er sehe so was gern.
Die Jüngsten halten das für Dreck
Und lassen selbst die Kratzer weg.
Der Mensch muß arg sich überwinden,
Um das als Kunst noch zu empfinden.
Er stellt, um ja nicht zu erlahmen,
Sich brav vor leere Bilderrahmen:
Ein bißchen scheints ihm übertrieben –
Schon gilt er als zurückgeblieben.

DIE SPANNE

Ein Mensch, bereits den Jahren nah,
Wo einer plötzlich nicht mehr da,
Sieht hart gestellt sich vor die Frage,
Ob sich, für seine letzten Tage,
Ein neuer Anzug wohl noch lohne,
Ob, wenn er ihn entsprechend schone,
Der alte nicht so lang noch reiche,
Bis er ihn nicht mehr braucht, als Leiche.
Er trägt nun wirklich auch den alten,
So lange nur die Fäden halten
Und bis die Ärmel durchgewetzt.
Und doch – es langt nicht bis zuletzt!
Da er, bei aller Schäbigkeit,
Die Spanne bis zur Ewigkeit
Zu überbrücken nicht vermag,
Kommt doch der unerwünschte Tag,
An dem der Mensch nun gehn muß, leider
Den schweren Gang zu seinem Schneider.
Der Tod benimmt sich widerwärtig:
Er macht zur Stund den Menschen fertig,
In der der Schneider, froh beschwingt,
Ins Haus den neuen Anzug bringt.
Die Erben jammern, die's mißgönnen:
»So lang hätt er noch warten können!«

DER HEIMTÜCKER

Ein Mensch benahm sich durchaus fein;
Denn nie warf er den ersten Stein. –
Daß vorschnell er als Feind sich zeige,
War er zu klug und auch zu feige.
Nein, auch den zweiten warf er nicht,
Gedenkend seiner Menschenpflicht ...
Nur, als schon alle warfen, brav,
Den kleinsten – der ins Auge traf.

SPÄTE EINSICHT

Ein Mensch macht sich, doch leider bloß
An seinem Stammtisch, damit groß,
Es gelt – wovon ja viele träumen! –
Den Saustall endlich auszuräumen.
Er gibt – nur dort! – geheime Winke,
Wie's überall zum Himmel stinke
Von Säuen, die an vollen Trögen
Verfräßen unser Volksvermögen.
Man müßt was tun – nur ist es schade,
Daß dummerweise *ihn* gerade,
Als einen Mann mit Weib und Kindern,
Rücksichten überall verhindern.
Der Mensch – was nützt verborgnes Lästern? –
Zählt auch mit zu den Schweinemästern!

MENSCHEN-RUHM

Ein Mensch kriegt eines Tags den Wahn,
Er fang, berühmt zu werden, an.
Doch merkt er seinen Irrtum leicht,
Wenn er mit andern sich vergleicht:
Zu dreizehntausend Mark reißt hin
Pro Abend eine Sängerin
Kaum weiß sich ein Tenor zu retten
Vorm Angebot an Bühn- und Betten.
Und alle Leute beten an
Den Neger, der trompeten kann. –
Zu schweigen von der Riesenhetz,
Stieß wer den Fußball wo ins Netz,
So daß, die Augen ganz verglast,
Die Menge vor Begeistrung rast.
Der Mensch sieht jäh sein armes Rühmchen
Verwelken wie ein Mauerblümchen.

HOFFNUNG

Ein Mensch, am Ende seines Lebens,
Sieht ein, daß der Erfolg des Strebens
Nur dürftig war, an dem gemessen,
Was er versoffen und verfressen.
Sein Wert als Raupe war gering:
Jetzt hofft er auf den Schmetterling!

UNGLÜCKSFÄLLE

Ein Mensch verspürt, meist unbewußt,
Geheime Katastrophenlust:
Mit Gruseln liest er in der Zeitung,
Daß wo geplatzt die Hauptrohrleitung,
Ein Riesenwald verbrannt durch Funken,
Ein Schiff mit Mann und Maus gesunken,
Ein Flugzeug im Gebirg zerschellt –
Kurz, was so vorkommt auf der Welt.
Der Mensch liest dabei um so gerner,
Je grausiger es ist – doch ferner.
Und schon ein Unmensch wär er, säh er
So schlimme Dinge lieber näher.
Doch Mensch und Unmensch sind sich gleich:
»Nur nicht im eigenen Bereich!«
Da hemmt schon ein verrußter Ofen
Jedwede Lust an Katastrophen.

DER MISSGELAUNTE

Ein Mensch beklagt, schier seelisch blind,
Daß er am Leben nichts mehr find.
Er hab, liegt er uns in den Ohren,
Auf dieser Welt nichts mehr verloren.
Doch wie würd er der Antwort fluchen:
Dann hab er auch nichts mehr zu suchen.

WANDLUNG

Ein Mensch ward wild von Heckenschützen,
Die gern die Zeit der Schrecken nützen
Und, ihn zu morden, stur entschlossen,
Auf üble Weise querbeschossen.
Da es mißlang, ihn ganz zu töten,
Entbieten, ohne zu erröten,
Die Schützen nun, Gewehr bei Fuß,
Dem Menschen höflichst ihren Gruß
Und scheinen ungemein vergeßlich,
Daß sie ihm nachgestellt, so häßlich.
Und auch der Mensch, allmählich müder,
Nimmt hin die üblen Schützenbrüder
Und, faulen Frieden selbst zu fördern,
Lebt brav er – unter seinen Mördern.

FALSCHE ERZIEHUNG

Ein Mensch lernt in der Kinderzeit,
Des Lasters Straßen seien breit,
Jedoch der Tugend Pfade schmal
In diesem irdischen Jammertal.
Der Mensch, bei seinem Erdenwandern,
Geht einen Holzweg nach dem andern,
Weil er auf Straßen, breit gebaut,
Sich einfach nicht mehr gehen traut.

MANAGER

Ein Mensch wird alle Tage kränker:
Nur noch Betriebs- und Wagenlenker,
Lebt er dahin, teils seelenhastig,
Teils leibträg, ohne Heilgymnastik.
Was hat er Wichtigs zu erledigen!
Vergebens Frau und Freunde predigen,
Daß er auf die Gesundheit seh
Und, wenn schon nicht in Urlaub geh,
Ein bißchen laufe, schwimme, turne –
Zu spät: der Rest kommt in die Urne;
Der Schlag, just vor der Unterschrift
Des letzten Briefs den Menschen trifft.
Die Sekretärin, noch hienieden,
Schreibt drunter: Nach Diktat verschieden.

O TEMPORA

Ein Mensch, der eine Freundin hatte,
Ist jetzt, seit Jahren schon, ihr Gatte.
Er hats mit diesem Weibe schwer:
Es redet nämlich dumm daher.
Er meint, es werde täglich schlimmer –
Doch nein – so dämlich war sie immer.
Es liegt nur an der Jugend Schwund:
Süß klang Geschwätz aus süßem Mund.

FRAU WELT

Ein Mensch bezahlt – und wird verlacht! –
Oft Zechen, die er nicht gemacht.
Ein Unmensch – der damit noch prahlt! –
Macht Zechen, die er nicht bezahlt.
Frau Welt davon Notiz nicht nimmt:
Hauptsache, daß die Kasse stimmt!

ZEIT HEILT...

Ein Mensch, der stark schon in Gefahr,
Daß er ein Unmensch würde, war,
Hat sich mit knapper Not gerettet
Und bis ins Alter durchgefrettet.
Hinunter ist die Zeit geflossen –
Mit ihr die Zeit- und Streitgenossen,
Die damals, liegend auf der Lauer,
Das Üble wußten, viel genauer.
Jetzt steht, die Haare silberweiß,
Der Mensch als edler, hoher Greis
Inmitten all der jüngern Leute,
Die gelten lassen nur das Heute
Und nichts mehr wissen von dem Lästern
Von gestern, ja von vorvorgestern
Ein Wicht selbst wird zum Ehrenmann –
Sofern ers nur erleben kann.

ABDANKUNG

Ein Mensch, als junger Feuergeist,
Der Lügen warmes Kleid zerreißt
Und geht – welch herrlicher Charakter! –
Kühn durch die Welt nun als ein Nackter.
Der Mensch wird alt, die Welt wird kalt:
Die Zeit zeigt ihre Allgewalt.
Der Mensch hälts, frierend, nicht mehr aus –
Froh wär er um den alten Flaus.
Doch hat er den nicht nur zerrissen,
Nein, auch die Fetzen weggeschmissen.
Mit Müh erwirbt er, so im Zwange,
Sich Weltanschauung von der Stange
Und geht nun, bis zu seinem Tode,
Gleich all den andern, nach der Mode.

DER FREIGEIST

Ein Mensch warf Gott zum alten Eisen,
Um sich als Freigeist zu erweisen.
Ein Unmensch aber, aus dem Schrott,
Zog den verworfnen lieben Gott
Und machte daraus tausend Gottchen,
Im Auto baumelnd als Maskottchen.
Der Mensch vertraut auf dies nun frech,
Daß *ihn* es schütze – und sein Blech.

JURISTISCHES

Ein Mensch sieht nie mehr auf der Bühne
Das alte Stück von Schuld und Sühne;
Es herrscht auf dem Justiztheater
Schon längst nur noch der Psychiater,
Sich grabend bis zur Wurzel tief:
Nur kleptomanisch-depressiv
Und zur Bewährung drum empfohlen
Wird jeder fast, der was gestohlen;
Und geistgestört, nur partiell,
War noch der schlimmste Mordgesell.
Was schiert, weiß einer um die Mittel,
Ihn noch das Staatsanwalt-Gekrittel?
Es lächelt, vor dem Schwurgericht
Verteidigers Augur-Gesicht.
Verstand? Das wäre ja zum Lachen!
Der *Sachverständige* wirds machen!
Nichts freut an solcherlei Prozessen –
Nur für die Presse ists ein Fressen!

KROKODILSTRÄNEN

Ein Mensch – und solch ein Mensch ist rar! –
Hilft gegen Tränen rasch und bar!
Ein Unmensch gibt nicht einen Pfennig,
Doch weint er dafür mit ein wenig.

STADT-EINSAMKEIT

Ein Mensch lebt stumm – daß ein Trappist
Dagegen noch ein Schwätzer ist –
Ganz einsam in der Riesenstadt,
In der er keinen Menschen hat.
Und das inmitten von Millionen,
Die neben-, unter-, überwohnen.
Vergebens sucht bei Hoch und Niedern
Der arme Mensch sich anzubiedern,
Doch keiner der An-sich-nur-Denker
Ist hilfsbereit als Wortverschenker.
Zuletzt spricht nachts ein Weib er an –
Von dem man *alles* haben kann.
Er bietet ihr die Sündengabe,
Nur, daß er eine Ansprach habe,
Ein Viertelstündchen als Begleiter –
Er wolle, fleht der Mensch, nichts weiter.
Doch die, mißachtend den Gewinst,
Entflieht voll Angst: »Ich glaub, Du spinnst!«

ABSAGE

Ein Mensch zählt nicht zu den Bewertern
Des Ruhms nach Eichenlaub und Schwertern.
Doch auch durch Nichtbesitz von diesen
Ist nichts Entscheidendes bewiesen.

EINBILDUNG

Ein Mensch hält sich, wie viele Männer,
Für einen großen Frauenkenner:
Nicht wegen allzureicher Ernte –
Nein, weil er *keine* kennen lernte!

ARS AMANDI

Ein Mensch, der wüst ein Weib zertrümmert
Und sich nicht um die Scherben kümmert,
Ist zwar, als Mensch, oft minderwertig,
Doch schnell mit solchen Sachen fertig.
Und hat ein Herz er glatt gebrochen,
Dann heilts auch, oft schon nach vier Wochen.
Ein andrer Mensch, der nicht so roh,
Macht es im Grunde ebenso,
Doch drängts ihn seelisch, bei den Frauen,
Von Zeit zu Zeit noch nachzuschauen,
Wie großen Schaden sie gelitten.
Das Herz vermag er nicht zu kitten –
Nur dies erreicht der, ach, so Gute:
Daß immer frisch es wieder blute.
Der Mensch wirkt ärger, als ein frecher
Doch wohlgeübter Herzensbrecher.
Drum raten wir, daß er sich hüte
Vor Güte, die nur zweiter Güte.

BEGRÄBNIS

Ein Mensch, der, wie gelebt zu haben,
Man wünscht, gelebt hat, wird begraben. –
Und zwar bei zwanzig Grad, im Jänner:
Der Frost steigt in die Knie der Männer.
Der Pfarrer sagt, ein schlichter Greis,
Was er seit gestern flüchtig weiß.
Die Männer wissens lange schon –
Auch stehts in jedem Lexikon.
Ein alter Freund, ein beinah blinder,
Liest mühsam ab aus dem Zylinder
Samt den Verdiensten, den erworbnen,
Die nähern Daten des Verstorbnen.
Die Liebe höret nimmer auf:
Ein dritter gibt den Lebenslauf.
Ein völlig unbekannter Mann
Spricht lang, obwohl er es nicht kann.
Ihm folgt ein weitrer Wortewürger
Aus Tupfing, für den Ehrenbürger.
Ein Dichter, ohne Gnade, spricht
Ein lang nicht endendes Gedicht.
Noch länger spricht ein Mann, der klagt,
Vorredner hättens schon gesagt.
Und viele stehn noch da mit Kränzen,
Bereit, rhetorisch hier zu glänzen.
Sein Leben lang geliebt, wird fast
Der Mensch im Grabe jetzt gehaßt.

UNERWÜNSCHTE BEGEGNUNG

Ein Mensch trifft auf der Straße wen,
Der hocherfreut ist, ihn zu sehn,
Und herzlich schüttelt ihm die Hand,
Noch eh der Mensch zurecht sich fand.
Nur heimlich überläufts ihn heiß:
Er weiß doch, daß er da was weiß...
Jäh fällt, erinnerungsentnebelt,
Ihm ein, daß der einst feldgewebelt
Und daß er schwur, ein solcher Schuft,
Sei fürder einfach für ihn Luft.
Jetzt kreuzt er seinen Lebenspfad
Als alter Weltkriegskamerad...

ENTOMOLOGISCHES

Ein Mensch, als Ehemann sonst bräver,
Geriet an einen netten Käfer,
Mit dem er sich, moralgekräftigt,
Aus reinem Wissensdrang beschäftigt.
Er glaubt' denn auch, er hätt entdeckt,
Ein neues, reizendes Insekt.
Doch leider wars nur eine Wanze,
Die beutegierig ging aufs Ganze.
Der Mensch bezahlte nun sein Wissen
Noch lange mit Gewissensbissen.

ENTWICKLUNG

Ein Mensch, der beste Mensch der Welt,
Wird eines Tages angestellt
Und muß – er tuts zuerst nicht gern –
Laut bellen nun für seinen Herrn.
Bald wird er, wie es ihm geheißen,
Die Zähne zeigen, ja, gar beißen.
Er wird sein Amt – im Bild gesprochen –
Wild fletschend, wie der Hund den Knochen,
Den einer ihm mißgönnt, verteidigen –
Ein schiefer Blick kann ihn beleidigen.
Dann wird er milder: Zahn um Zahn
Wird stumpf und fängt zu wackeln an –
Bis schließlich er, als Pensionist,
Fast wieder Mensch geworden ist.

WISSEN IST MACHT

Ein Mensch, der dummerweis gedacht,
*Mit*wissen erst sei wirklich Macht,
Hat zu beweisen nichts vermocht
Und wurde deshalb eingelocht.
Von Stund an nicht mehr klatschbeflissen,
Beschloß er, nie mehr was zu wissen.

SENSATION

Ein Mensch, sein Leben schroff zu kürzen,
Will sich von einer Brücke stürzen –
Als sich ein Unmensch eilig naht:
Nicht, wie man hofft, zur Rettungstat, –
Mit Blitzlicht knipst er das Gespringe,
Verkaufts für dreißig Silberlinge,
So rasch, daß schon im Morgenblatt
Die Welt es zu begaffen hat.
Der Mensch, vielleicht, wär noch am Leben,
Hätt *ihm* wer dreißig Mark gegeben.
Der Unmensch schwärmt noch lang vom Glücke,
Das ihm begegnet an der Brücke ...

ÜBERLEGUNG

Ein Mensch, der kindlich, ohne Spott,
Gefürchtet sich vorm lieben Gott,
Weil dessen Auge, Tag und Nacht,
Ihn unerbittlich streng bewacht: –
Jetzt, als Erwachsner, sich gesteht:
Der liebe Gott ist indiskret!

FALSCHE RECHNUNG

Ein Mensch, in siebzig Arbeitsstunden,
Ja, selbst am Sonntag einst geschunden,
Hat diese Sklaverei gebrochen:
's gibt nur noch Vierzigstundenwochen!
Was einem recht, sei andern billig:
Schon ist kein Mensch mehr arbeitswillig.
Wer soll die Freizeit *nicht* genießen?
Dienststellen und Geschäfte schließen,
Die Post steht fast nicht mehr in Frage;
Gaststätten haben Ruhetage.
Der Bäcker kommt auf den Geschmack,
Daß er frühmorgens nicht mehr back',
Der Wächter selbst, der bisher brave,
Besteht drauf, daß des Nachts er schlafe;
Um zehn Uhr schließt das Kabarett:
Die Mädchen wollen auch ins Bett!
In einer Welt, so aufgeweicht,
Macht sich der Mensch das Leben leicht –
Bis er dann doch merkt, mehr und mehr:
Er macht sich nur das Leben schwer.

ZWISCHEN DEN ZEITEN

Ein Mensch Vergangenheit bewältigt –
Die Zukunft sich verhundertfältigt!

DAS BÖSE

Ein Mensch – was noch ganz ungefährlich –
Erklärt die Quanten (schwer erklärlich!).
Ein zweiter, der das All durchspäht,
Erforscht die Relativität.
Ein dritter nimmt, noch harmlos, an,
Geheimnis stecke im Uran.
Ein vierter ist nicht fernzuhalten
Von dem Gedanken, kernzuspalten.
Ein fünfter – reine Wissenschaft –
Entfesselt der Atome Kraft.
Ein sechster, auch noch bonafidlich,
Will die verwerten, doch nur friedlich.
Unschuldig wirken sie zusammen:
Wen dürften, einzeln wir verdammen?
Ists nicht der siebte erst und achte,
Der Bomben dachte und dann machte?
Ists nicht der Böseste der Bösen,
Ders dann gewagt, sie auszulösen?
Den Teufel wird man nie erwischen:
Er steckt von Anfang an dazwischen.

DENKER

Ein Mensch ist sonst ein Denk-Genie.
Nur eins: an andre denkt er nie!

ENTWICKLUNG

Ein Mensch kriegt' einst (und fands zu teuer!)
Ein wahres Schnitzel-Ungeheuer.
Dann wards allmählich immer kleiner,
Dann zahlte zwei Mark er statt einer.
Dann schrumpfte neuerdings es stark.
Dann wieder stieg es auf drei Mark.
Dann wars nur noch ein Gaumenkitzel.
Dann kostete vier Mark dies Schnitzel.
Das Wechselspiel geht immer schneller:
Fünf Mark für beinah leeren Teller.
Von Wirtschaftswunder-Schmus umgaukelt,
Wird es dem Nichts so zugeschaukelt.
Zuletzt – der Himmel mög uns schonen! –
Gibts wieder gar keins – für Millionen!

IMMER...

Ein Mensch erklärt, es sei im Leben
Das Klügste, *immer* nachzugeben.
Ein andrer Mensch ihm widerspricht
Und meint, bescheiden: immer nicht!
Nur so von Fall zu Fall, beliebig –
Jedoch der Mensch bleibt unnachgiebig.

Das Opfer

Ein Mensch sitzt still ... still ruht der See.
Dem Menschen tut das Herz so weh,
Weil Liebesleid und Radioklimpern
Oft treibt die Tränen in die Wimpern ...
Doch horch! da naht sich eine Schnake,
Setzt sich dem Menschen auf die Backe,
Der höchst gespannt und voller List
Nun harrt, bis sie am Werke ist.
Dann schlägt er zu, sich selbst nicht schonend
Und siehe, dieser Schlag war lohnend.
Der Mensch, der heiter das Insekt
Zerquetscht an seiner Hand entdeckt,
Nun obendrein noch wüst beschimpft
Das Vieh, das schmerzhaft ihn geimpft. –
Obgleich er einzig *ihm* verdankt,
Daß er nicht seelisch schwer erkrankt:
Die Untat nämlich, blutig-roh,
Die macht ihn wieder lebensfroh.

Der Weltflüchtige

Ein Mensch verkündet, gramzerrissen:
Nichts woll' er von der Welt mehr wissen.
Doch rasch erliegt er altem Zwang:
»Wo bleibt die Zeitung heut so lang?!«

VERGEBLICHER WUNSCH

Ein Mensch wird krank am Wunsch, dem einen:
Nur einmal laut *hinaus*zuweinen!
Das wär ihm eine rechte Lust –
Doch, ach, es fehlt dazu die Brust.
So bleibt es bei der alten Pein:
Er weint nur still in sich *hinein*.

DER MAHNER

Ein Mensch, der lange schon, bevor
Das Unheil kam, die Welt beschwor,
Blieb leider völlig ungehört ...
Jetzt kommts! Und jeder schreit empört:
Schlag doch zuerst den Burschen tot –
Er hat schon lang damit gedroht!

ENTTÄUSCHUNG

Ein Mensch, der nicht mehr daran dachte,
Daß sich ein Weib was aus ihm machte,
Fand doch noch eins, verdächtig lieb:
Es rühmte ihn als Herzensdieb.
Doch bald hat er sich schlicht empfohlen:
Das Weib war völlig ausgestohlen.

VARIATIONEN

Ein Mensch bei Weibern nichts erreicht. –
Ein zweiter meint: »... und ist so leicht!«
Der wiederum, so weiberstark,
Müht sich vergebens um zehn Mark.
Der Mensch, nicht in der Gunst der Weiber,
Verdient die leicht, als Zeitungsschreiber.
Nun kommt ein Fall, besonders bitter:
Ganz geld- und weiblos bleibt ein dritter.
Ein vierter prahlt mit üblen Siegen:
Mit Geld sind Weiber leicht zu kriegen.
Der fünfte ist der wahre Held:
Durch Weiber erst kommt er zu Geld!

ZU SPÄT

Ein Mensch zertritt die Schnecke, achtlos.
Die Schnecke ist dagegen machtlos.
Zu spät erst kann sie, im Zerknacken,
Den Menschen beim Gewissen packen.

WACHET UND BETET!

Ein Mensch lebt brav als Mensch und Christ
In dieser Welt voll Teufelslist.
Der Christ in ihm schläft langsam ein. –
Wird er da lang ein Mensch noch sein?

RUHIGE ZEITEN

Ein Mensch sieht rings nur brave Leute:
Verschwunden ist die wilde Meute.
Nach Adam Riese zählt ein Kind,
Daß es die gleichen Leute sind.

DER GESCHÄFTIGE

Ein Mensch, der sich im Ruhm gefällt,
Er kenne Gott und alle Welt,
Wird bald am Überflusse leer:
Gott kennt er heute längst nicht mehr.

DER KREISEL

Ein Mensch hat einen Kreisel, rund,
Bemalt in sieben Farben, bunt.
Er peitscht ihn an, der Kreisel schwirrt,
Bis schneller er – und *grauer* wird ...
Soll unser Leben bunter bleiben,
Darf mans nicht allzu munter treiben.

AM STROM DER ZEIT

Ein Mensch – gewiß, der Mensch tat übel! –
Trägt seinen kleinen Unratkübel
An das Geländer einer Brücke;
Doch geht der Kübel dran in Stücke.
Der Mensch, mit Jauche arg begossen,
Bleibt Abscheu aller Zeitgenossen.
Ein Unmensch geht zum gleichen Zwecke
Zur Brücke hin mit seinem Drecke
Und siehe da, die Tat gelingt –
So, daß der Unmensch nicht mehr stinkt.
Er stellt sich dreist zu all den Leuten,
Die strafend auf den Menschen deuten.

NACHSICHT

Ein Mensch erblickt ein Weib, bepelzt,
Das stolz an ihm vorüberstelzt.
Der Pelz, mit Leopardentupfen,
Ist freilich nur ein bessrer Rupfen;
Doch lebt das Weib im holden Wahn,
Man säh ihm dies nicht weiter an.
Und in der Tat: obgleich im Bilde,
Schaut drüber weg der Mensch voll Milde.
Ein Beispiel, auch für Lebenslügen:
Laßt doch den Leuten ihr Vergnügen!

IRONIE

Voreiliges Mitleid

Ein Mensch, dem Großstadtlärm und -stank
Entflohn, setzt sich auf eine Bank,
Wo, als auf einer Insel, grün,
Rings Bäume rauschen, Blumen blühn.
Ein andrer Mensch, erschöpft, verhetzt,
Hat sich daneben hingesetzt.
Wie gut wird es dem Ärmsten tun –
So denkt der Mensch – hier auszuruhn.
Gleich wird er jetzt die Augen schließen,
Das Glück der Stille zu genießen.
Doch der, mit dem er Mitleid hat,
Schlägt auf voll Gier das Abendblatt
Und liest, mißachtend die Natur,
»Im Mordfall Nuschke erste Spur!«

ÖFFENTLICHE MEINUNG

Ein Mensch, der aus der Zeitung hört,
Er sei aufs äußerste empört
Und schreie, in bewußter Sache,
Als Mann des Volkes laut nach Rache,
Behorcht sich tief und ist erstaunt,
Daß nichts in ihm, selbst leis nur, raunt
Und daß von Freunden, gleichgestimmt,
Er auch nicht einen Ton vernimmt.
Derselbe Mensch, ein andermal,
Tobt über einen Mords-Skandal
Und glaubt nun fest, aus allen Blättern
Werd das Signal zum Angriff schmettern.
Doch wird, ganz ohne Rache-Rasen
Zum Rückzug überall geblasen.
Wozu regt er sich auf? Wozu?
Weiß er denn gar nichts von tabu?
Es gibt doch, was er nicht vergesse,
Nicht nur das höhere Intresse,
Nein, auch – wenn er die Welt verstünde –
Die tief- und tiefern Hintergründe.

ERLEBNIS

Ein Mensch hat von der Tür gewiesen
Ein Weib, das ihm was angepriesen –
Und obendrein den Schlaf vergällt,
Den er um diese Stunde hält.
Man sollt die Leut mit Hunden hetzen,
Die so die Mittagsruh verletzen!
Doch sieh, schon tuts dem Menschen leid:
Es regnet draußen, ja, es schneit!
Das Weiblein, sollt man nicht vergessen,
Hat vielleicht Mittag nicht gegessen
Und muß nun, um geringen Nutzen
Im Umkreis Klink um Klinke putzen.
Ganz sicher findets in der Regel,
So denkt er, lauter solche Flegel.
Der Mensch, beschimpfend seine Schmach,
Läuft trotz des Sturms dem Weiblein nach –
Was, nebenbei, mit nassen Füßen
Und Schnupfen er noch lang muß büßen –
Und heut noch trägt er daran schwer:
Er fand die arme Frau nicht mehr!

DER ZUFRIEDENE

Ein Mensch fährt glücklich zu den Toten:
Ihm reichts, was ihm die Welt geboten.
Nie dacht' er dran – was wir ihm gönnen! –
Was sie ihm hätte bieten *können!*

ÜBERSCHÄTZUNG

Ein Mensch bewertet sich nicht schlecht:
Er hält sich durchaus für gerecht.
Nie merkt er, daß er nur, voll List,
Gerecht in allen Sätteln ist.

UNERFREULICHE ZEITGENOSSEN

Ein Mensch sieht just die größten Nieten,
Die selbst nicht das Geringste bieten,
Am allerschärfsten darauf passen,
Daß sie sich auch nichts bieten lassen.

WER WEISS?

Ein Mensch schreibt feurig ein Gedicht:
So, wies ihm vorschwebt, wird es nicht.
Vielleicht hat Gott sich auch die Welt
Beim Schöpfen schöner vorgestellt.

JE NACHDEM

Ein Mensch sagt bitter: »Weiß Gott, wo!«
Ein andrer, milde: »Gott weiß, wo!«
Durch sprachlich kleinsten Unterschied
Getrennt man ganze Welten sieht.

ZWEIERLEI

Ein Mensch weist durchwegs schroff zurück
Die Meinung: »Unverdientes Glück«.
Doch gerne zollt er seine Huld
Der Fassung: »Unglück ohne Schuld«.

DICHTERLOS

Ein Mensch schreibt, ohne zu erlahmen,
Nur, sich zu machen einen Namen.
Der glänzt denn auch in Goldbuchstaben,
Doch dort bloß, wo er eingegraben.

GEWISSENSERFORSCHUNG

Ein Mensch, statt daß er sich beklag
Darüber, daß kein Mensch ihn mag,
Prüf, als Gerechter, vorher sich:
»Genau genommen – wen mag ich?!«

PHILOSOPHISCHER DISPUT

Ein Mensch verteidigt mit viel List:
Die Welt scheint anders, als sie ist!
Sein Gegner aber streng verneint:
Die Welt ist anders, als sie scheint.

Verkehrte Welt

Ein Mensch auf Sauberkeit besteht,
Obwohls ihm ziemlich dreckig geht.
Ein Unmensch zieht – oh Widersinn! –
Aus Schmutzgeschäften Reingewinn.

Lob und Tadel

Ein Mensch weiß aus Erfahrung: *Lob*
Darf kurz und bündig sein, ja grob.
Für *Tadel* – selbst von milder Sorte –
Brauchts lange, klug gewählte Worte.

Unterschied

Ein Mensch sieht staunend, wie das »Heute«
Verschiedenes der Welt bedeute:
Den einen bleibts des »Gestern« Duft –
Die andern wittern Morgenluft.

EIN BEISPIEL

Ein Mensch, der an der Spritze steht,
Bekämpft den Brand, so gut es geht,
Bis er zuletzt nur noch zur Not
Entrinnt dem eignen Feuer-Tod.
Ein Unmensch, der am Stammtisch sitzt,
Hätt weitaus tapferer gespritzt.
Er überzeugt nun, gar nicht schwer,
Sogar den Menschen, hinterher,
Mit prahlerischen Redeflüssen,
Daß er hätt besser spritzen müssen.
Und aus dem Menschen wird zuletzt
Ein Feigling gar, der pflichtverletzt.
Und alle rühmen um die Wette,
Wie gut gespritzt der Unmensch *hätte*.

ZIVILCOURAGE

Ein Mensch erfährt, daß unsre Zeit
Voll sei von Rücksichtslosigkeit.
Doch sieht aus Feigheit, aus bequemer,
Er ringsum lauter Rücksichtnehmer.
Die Freiheit geht wohl doch im Grunde
Aus solcher Rücksicht vor die Hunde.

DER ZAUDERER

Ein Mensch wollt gern mit vollen Händen
Sein Dasein an die Welt verschwenden;
Er war auch durchaus zahlungswillig –
Doch schien ihm hier ein Witz zu billig
Und viel zu teuer dort ein Spaß –
Kurz, jedesmal mißfiel ihm was.
Noch eh er richtig es begehrt,
Fand ers der Mühe nicht mehr wert.
Sollt er aufs Glück zu bieten wagen?
Schon wards Entschloßnern zugeschlagen:
Kurz, er verpaßte mit der Zeit
Gelegen- um Gelegenheit.
Der Mensch, als Greis, sich selber grollte,
Weil er sich doch verschwenden *wollte*.
Zum Schlusse hat auch er sein Leben
Dem lieben Gott zurückgegeben:
Zwar arg verstaubt und geizverschmutzt,
Sonst aber völlig unbenutzt.

EMPFINDLICH

Ein Mensch möcht, wie heut alle Welt,
Verdienen möglichst leicht sein Geld.
Doch wird er wild, bezweifelts wer,
Daß ers verdien besonders schwer.

DER HARMLOSE

Ein Mensch von glücklicher Natur
Zeit seines Lebens nicht erfuhr,
Daß der und jener Mensch ihm grollte
Und heimlich Böses antun wollte.
Die Welt, die grause Schlangengrube,
War ihm wie seine gute Stube.
Selbst wenn sichs rund um ihn geringelt
Von Nattern, die ihn wüst umzingelt,
Blieb, nur durch eigne Heiterkeit,
Er gegen jeden Biß gefeit. –
Es sollen, als man ihn begraben,
Geweint sogar die Schlangen haben.

TEST-SUCHT

Ein Mensch weiß, von Verstand gesund,
Längst, wo begraben liegt der Hund.
Ja, selbst die dümmsten Menschen haben
Seit je gewußt, wo er begraben.
Und alle Welt kennt das Ergebnis
Von dieses Hundes Erbbegräbnis.
Doch jetzt erst wird, was lang erhärtet,
Streng wissenschaftlich ausgewertet
Und jeder Zweifel dran besiegt,
Daß hier der Hund begraben liegt.

Verhinderter Wohltäter

Ein Mensch im Rundfunk eben hört:
»Sturmflut hat eine Stadt zerstört!«
Schon reift sein Mitleid zum Entschluß,
Daß hier geholfen werden muß.
Doch wie? Die Welt hilft ohnehin
Weit mehr als nötig, ohne ihn.
Derselbe Mensch hört wenig später,
Ein Werk der Nächstenliebe tät er,
Gäb er ein Scherflein einem Mann,
So arm, daß kaum er leben kann.
Er ist auch diesmal sehr gerührt
Und fast zur guten Tat verführt.
Doch wie? Sollt er sein Geld verzetteln,
An Schnorrer, die die Welt bebetteln? –
Der Mensch wär gut – das Unglück bloß
War hier zu klein, war dort zu groß.

Das Netz

Ein Mensch sieht nichts so fein gesponnen,
Daß es nicht käme an die Sonnen;
Den größern Vorteil drum gewinnt,
Wer gleich von Anfang gröber spinnt,
Weil wenigstens das Netz dann hält,
Das er den andern schlau gestellt.

VERGEBLICHE JAGD

Ein Mensch ist rastlos auf der Jagd
Nach rarstem Wild: nach einer Magd!
Er inseriert in Blatt und Blättchen –
Doch suchen Hunderte ein Mädchen.
Er fragt Bekannte, späht und horcht.
Die erste, sichtlich schon bestorcht,
Spricht vor – und sie will wiederkommen –
Vermutlich nur zum Niederkommen.
Die zweite möcht – und tut noch gnädig –
Mitbringen gleich zwei Kinder, ledig.
Die dritte zeigt sich gern bereit
Zu allem – nur nicht Hausarbeit!
Die vierte muß er rasch entlassen:
Sie hat im Schrank nicht alle Tassen.
Und das hat auch die fünfte nicht, –
Die nur, weil alle sie zerbricht.
Die sechste, grad erst frisch vom Land,
Verlangt vierhundert, auf die Hand.
Die siebte, alt und, scheints, bewährt,
Hat gleich die Ihren miternährt.
Die achte muß der Schutzmann holen,
Sie hat den Menschen ausgestohlen.
Wegjagen muß er auch die neunte,
Weil Nacht für Nacht sie draußen streunte.
Nun seufzt der Mensch: »Dann lieber keine!
Wir machen jetzt den Dreck alleine!«
Die Reu ist lang nach kurzem Wahn –
Dann geht die Jagd von vorne an ...

PARTYS

Ein Mensch war überall dabei,
Wos galt, zu hörn den letzten Schrei.
Dem Klüngel er sich stets gesellte,
Der allerjüngste Kunst ausstellte,
Man sah zu jedem Geist-Verzapfen
Sogar durch Schnee und Eis ihn stapfen.
Es waren immer nur die Gleichen
Beim Pfötchen- und beim Brötchenreichen.
Doch plötzlich hat der Mensch entdeckt:
Er will ja gar nicht Schmus mit Sekt!
Er ließ sich nicht mehr überlisten,
Zu machen andern den Statisten,
Die nur bedürfen all der vielen,
Damit sie große Rollen spielen.
Der Mensch ist nun daheimgeblieben –
Ein Jahr, dann war er abgeschrieben.
Er schmollt, er grollt, er ärgert sich:
Kein Mensch mehr kümmert sich um mich!

GEGENSEITIG

Ein Mensch beklagt das Widerstreben
Der andern, ganz (sich) hinzugeben.
Er müßt zur Frage sich bequemen:
War *er* bereit, ganz hinzunehmen?

OHNE GLÜCK

Ein Mensch, der im Gewühl der Stadt
Lang auf die Tram gewartet hat,
Bei Wind und Regen obendrein,
Steigt schon mit einem Fuße ein –
Da fleht ihn an ein fremder Herr:
»Wo Hoffbräu, sagen, bitte serr!?«
Dem Menschen ist, obwohl er eilig,
Die Gastpflicht über alles heilig,
So daß er rasch – schon sprachlich schwierig! –
Den Herrn belehrt, der wissensgierig,
Mit Hilfe manches Händewinks:
»Gerade aus, dann zweite links!«
Der Mensch hat Glück, steigt ein noch, knapp –
Die Türe schließt, die Tram fährt ab.
Beinah hätt man ihn eingezwickt!
Der neue Schirm, der ist geknickt –
Ein Opfer menschlicher Verpflichtung! – –
Der Herr enteilt – in falscher Richtung ...

UNTERSCHIED

Ein Mensch knirscht zornig, weil besiegt,
Daß Recht stets der Gewalt erliegt.
Derselbe Mensch, als Sieger, spricht:
Recht kommt doch immer noch ans Licht!

Der unerwünschte Bundesgenosse

Ein Mensch besucht, zwecks Geist-Erhellung,
Die jüngste Malerei-Ausstellung.
Doch statt erhellt, wird er verdüstert –
So daß er ziemlich hörbar flüstert,
Dies geh zu weit: dies wilde Kritzeln,
Dies Kleben, bloß aus Abfallschnitzeln!
Dies Farben-nur-aus-Tuben drücken
Zähl zu den frechsten Bubenstücken.
Schon hat an ihn, der laut gedacht,
Ein Unmensch sich herangemacht:
»Aufhängen sollt man das Gesindel
Anstatt der Bilder! Terror!! Schwindel!!
Gottlob, es gibt noch deutsche Männer!
Ich sehe schon, Sie sind ein Kenner!«
Der Mensch, von Schrecken ganz gelähmt,
Entfernt sich wortlos und beschämt,
Weil er die Schleusen selbst erschlossen
Des Unrats, der ihn jetzt begossen.

Umgekehrt

Ein Mensch wird »Pessimist« geschmäht,
Der düster in die Zukunft späht.
Doch scheint dies Urteil wohl zu hart:
Die Zukunft ists, die düster starrt!

SPORT

Ein Mensch weiß noch aus Kindertagen
Vom Glanz der alten Heldensagen.
Nur Siegfried hat er nicht gemocht,
Von kleinauf, weil der unfair focht.
Und immer hat ihn schon erzürnt,
Daß der getarnt war und gehürnt.
Sich solcher Finten zu erdreisten,
Dürft heut kein Kämpfer mehr sich leisten.
Er würde *dis-* (mit einem Wort!)
Qualifiziert in jedem Sport
Und alle Blätter würden melden
Die Schande so entlarvter Helden.
Den Vorteil hat die Gegenwart:
Die Gleichberechtigung beim Start.
Obwohl der Mensch sich oft ertappt
Beim Wunsch, *er* wäre tarnbekappt,
Sah er moralisch sich verpflichtet,
Daß er auf solchen Trick verzichtet.

LIEBLOS

Ein Mensch erblickt, auf magrer Erde
Ein Kraut, sich mühend, daß es werde.
Er hofft, es werd vielleicht einst blühn –
Auf jeden Fall ist es schon grün.
Ein Unmensch kommt und reißt es aus:
Es wird ja doch nur Unkraut draus!

FREUNDSCHAFTEN

Ein Mensch, im Freundesbund der dritte,
Stand schön und arglos in der Mitte.
Da schreibt der erste, aufgebracht,
Daß mit dem zweiten er verkracht,
Der sich als Schuft erwiesen habe:
Drum sei hier Feindschaft, bis zum Grabe.
Und auch der Mensch müßt sich entscheiden
Und künftig diesen Burschen schneiden.
Des Menschen sich nun Zorn bemächtigt,
Daß Eintracht also einbeträchtigt;
Er schwört, wieviel er auch dran büßt,
Daß er den Lumpen nicht mehr grüßt.
Jedoch – er meint, ihn trifft der Schlag! –
Er sieht bereits am Nachmittag,
Als ob geschehn nichts weiter sei,
Lustwandeln Arm in Arm die zwei.
Der Mensch, mit beiden jetzt als Feinden,
Läßt sich nicht wieder eingemeinden.

ÜBERFORDERUNG

Ein Mensch bemerkt mit stillem Grollen:
Selbst Leute, die sein Bestes wollen –
Mißt er es nur mit strengem Maß –
Sie wollen was, sie wollen was!

UNBILDUNG

Ein Mensch liest nun seit Jahren schon
Das Schlagwort: Integration.
Der Mensch ist sonst ein geistig reger
Und, wie er glaubt, bisher integer –
Und weiß doch nicht, was allen Leuten
Geläufig scheint, so recht zu deuten.
Wie? denkt der Mensch, das wär noch schöner:
Wozu gibt es denn Lexiköner?
Und wirklich sucht er nicht vergebens:
»Sinnheit reellen Geisteslebens«
Als »Ganzheit«, »Kollektivsystem«
Wirds angewendet, je nachdem.
Der Mensch vermeint nun, sehr viel schlauer,
Er wüßt es jetzt auf Lebensdauer.
Doch bald er allen Mut verliert:
Es wimmelt nur von »integriert...«
Kaum daß er denkt, daß es wo paßt,
Sieht ers schon anders aufgefaßt.
Statt sich noch weiter drum zu kümmern,
Zählt schlicht der Mensch sich zu den Dümmern.

AUFPASSEN!

Ein Mensch sollt immer auf der Hut sein:
Es trügt der Schein – sogar der Gutschein!

Das Wiedersehen

Ein Mensch, im Anzug, seinem guten,
Steht schon im Regen, zehn Minuten
Und harrt auf seine Straßenbahn:
Die Linie drei kommt, endlich!, an.
Hinein! Doch sieh, wer steigt da aus? –
»Ja, servus, grüß Dich, altes Haus!« –
Ein Freund aus fernen Jugendjahren ...
Wen läßt der Mensch nun besser fahren?
Die Straßenbahn, nach langem Hoffen?
Den alten Freund, den er getroffen??
Der Mensch, obgleich es stärker gießt,
Zur Freundestreue sich entschließt.
Doch eh die zwei der uralt-jungen
Gemeinsamen Erinnerungen
Sich zu entladen nur beginnen –
Ist schon der gute Freund von hinnen:
»Ein andermal!« ruft der und lacht, –
»Verzeih, da kommt grad meine Acht!«

Alter Trick

Ein Mensch braucht alle Seelenkraft,
Daß er sein Mensch-Sein selber schafft.
Ein Unmensch kennt den Trick, den kleinen:
Auf andrer Kosten Mensch zu scheinen.

So kommts

Ein Mensch steht, nur als Publikum,
Mit tausend andern dumm herum,
In Sonnenglut und Regenschauer,
Seit drei, vier Stunden auf der Lauer
Mit heißem Herzen, kalten Füßen,
Den großen Staatsmann zu begrüßen.
Er brüllt im Massen-Jubelschrei –
Wie? Wo? Der Zug ist schon vorbei.
Der Mensch nun denkt, was viele dachten:
Derlei im Fernsehn zu betrachten,
Wo hundertäugig, was geschieht,
Die Kamera für ihn besieht.
Hier Zukunft deuten, ist nicht schwer:
Die Straßen bleiben menschenleer,
Weil niemand mehr gesonnen ist,
Herumzustehen als Statist.
Zwar unumjubelt, aber schneller
Fährt durch die Stadt der Hauptdarsteller –
Wodurch, das sei schon heut betont,
Sich selbst das Fernsehn nicht mehr lohnt.

Grenzfall

Ein Mensch sieht nur ein bißchen scharf –
Schon sieht er schärfer, als er darf!

GROSSE ERWARTUNGEN

Ein Mensch vom großen Cäsar hörte:
Der konnte, ohne daß ihns störte,
Um weiter Zeit nicht zu verlieren,
Gleichzeitig schreiben und diktieren:
Triumph der Konzentration!
Viel weiter bringts des Menschen Sohn,
Der unterm Essen Zeitung liest,
Derweil ein Bach durchs Radio fließt,
Und der, indes das Fernsehn flimmert,
An seinen Basteleien zimmert
Und obendrein von Gott und Welt
Mit einem Freund sich unterhält.
Ja, zwischendurch macht dieser Knabe
Sogar noch seine Hausaufgabe.
Der Mensch darf drum als Vater hoffen:
Wer jung schon Cäsarn übertroffen,
Wird, ein Genie ganz ohnegleichen,
Im Leben allerhand erreichen.

FÜR EDELMÜTIGE

Ein Mensch ist edel, hilfreich, gut,
So daß er viel für andre tut –
Auch noch, nachdem er festgestellt:
Es gibt nur »andre« auf der Welt.

Die Prüfung

Ein Mensch sieht sich auf dieser Welt
Vor mehr als ein Problem gestellt.
Der liebe Gott, ein strenger Lehrer,
Macht ihm die Schule täglich schwerer.
Der Mensch meint oft, daß er es spürt,
Wie über ihn wird Buch geführt
Und wie im Himmel hoch ein Engel
Notiert die Leistung wie die Mängel –
Und wie wohl auch der Teufel schreibt,
Was alles er an Unfug treibt.
Wie gern möcht er – doch ists verboten! –
Nur einmal spitzen in die Noten:
Ob er ein Einser-Schüler sei,
Ob höchstens Durchschnitt, so um drei?
Ob er das Klassenziel erreicht,
Erfährt er, nach dem Tod, vielleicht!
Doch Reue keinen Sinn dann hat:
Die Prüfung fand auf Erden statt.

Der Erfolgreiche

Ein Mensch – ein Unmensch mehr, vielleicht,
Hat wirklich allerhand erreicht.
Die Welt nimmts hin und sie fragt nie,
Wie er es wohl erreicht hat, *wie!?*

DIE UNVERGESSLICHEN

Ein Mensch, den man sonst immer sah,
Ist eines Tages nicht mehr da.
Und jetzt erst merkt man, seit er fehlt,
Wie er die andern mitbeseelt.
Familie, Freunde und Verehrer
Beklagen, daß die Welt nun leerer;
Und trauernd wird der Mensch gepriesen:
Nie mehr sehn einen wir wie diesen.
Die Welt ist rund und dreht sich schnell
Und der Ersatzmann ist zur Stell.
Macht ers nicht grad besonders schlecht,
Ist er den Leuten auch ganz recht:
Am schnellsten sind (am Wert gemessen!)
Die Unvergeßlichen vergessen!

BESTIMMUNG

Ein Mensch, der einsieht, mit der Zeit
Man bringe es als Mensch nicht weit,
Ist, bisan brav und unverdrossen,
Zum Nicht-mehr-Menschsein wild entschlossen.
Doch Mensch-sein ist, wie er erkennt,
Ein unauslöschlich Sakrament.

ENTWICKLUNGEN

Ein Mensch, der Willkür knapp entronnen,
Freut sich der Freiheit, frisch gewonnen.
Doch schon wirds ihm zum Ärgernis:
Die Welt braucht ihre Freiheit miß.
Der Mensch, mit nüchternem Verstand,
Ruft deshalb nach der festen Hand.
Da ist sie schon! – Der Mensch schreit: »Halt!«
Zu spät – sie ist zur Faust geballt.
Das ganze Spiel von vorn beginnt –
Ob noch einmal der Mensch entrinnt?

BEFÜRCHTUNG

Ein Mensch – trotz Schiller! – muß entdecken:
Der Mensch wächst *nicht* mit größern Zwecken.
Vielmehr, die Sorge ist zunächst,
Zu sehen, wie der Unmensch wächst.
Zumal, da sich, in feigem Flüchten
Die Menschen ihn im Treibhaus züchten.
Zwar bleibt er niedrig und gestrüppig,
Doch in die Breite geht er üppig:
Der *Mensch*, voreinst der Menschheit Stolz,
Kommt nicht mehr durch das Unterholz.

DER KUNSTFREUND

Ein Mensch – kein Unmensch, Gott bewahre! –
Rauft sich vor Kummer schier die Haare,
Wenn er bedenkt, daß – nicht zu fassen! –
Van Gogh man hat verhungern lassen,
Daß Sisley – schrecklicher Gedanken! –
Ein Bild hergab für zwanzig Franken,
Daß viele arm, verkannt gestorben,
Jetzt hochbezahlt und heiß umworben.
Der Mensch hätt damals wollen leben,
Begeistert alles hinzugeben.
Hingegen den versoffnen Lumpen,
Der jüngst gewagt, ihn anzupumpen,
Den Schmierer unterstützen? Nein!
So blöd wird er ja doch nicht sein!

REUE

Ein Mensch in Reuequalen schrie:
»Oh hätt ich nie, oh hätt ich nie!«
Dann wieder, und gar wilder noch:
»Oh hätt ich doch, oh hätt ich doch!«
Zu spät! Doch oft wie Scherben passen
Zusammen falsches Tun und Lassen!

UNGEDULD

Ein Mensch, genötigt, Rat zu holen,
Wird einem Mächtigen empfohlen
Und wartet nun, geduldig-lange,
Daß dieser gnädig ihn empfange.
Doch sieht er dreist ins Zimmer treten
Unmenschen, gar nicht hergebeten;
Jetzt endlich, an der Reihe ist er –
Da heißts: »Der Herr muß zum Minister!«
Er kommt zurück – doch wie zum Hohn
Geht endlos jetzt das Telefon.
Der Mensch, sonst Warten nicht gewohnt,
Harrt aus, weil sich Geduld hier lohnt.
Doch plötzlich wird er wild und schreit,
Man glaube wohl, daß seine Zeit –
Schon eine Stunde! – er gestohlen?
Er werd beim Teufel Rat sich holen!
Der unberatne Mensch verläßt
Das Haus mit flammendem Protest.
Dies freilich blieb der einzige Rat,
Den ihm der Teufel geben tat.
Der Mensch muß Wochen nun verzetteln,
Ein zweites Treffen zu erbetteln,
Um zu erfahren, kühl empfangen:
»Tja, damals wärs wohl noch gegangen!«

DIE LIEBEN NACHBARN

Ein Mensch aus allen Wolken fällt:
Die Magd hat jahrlang ihn geprellt,
Ihn angelogen und bestohlen.
Er läßt drum einen Schutzmann holen,
Der dieses Mädchen nimmt in Haft.
Wie freut das rings die Nachbarschaft.
Vom sechsten Stock bis zum Parterr'
Wird hohn-beklagt der arme Herr,
Der – alle wußtens ja schon lange –
Genährt am Busen eine Schlange.
Es nimmt des Hauses Meisterin
Die Nachricht ganz begeistert hin,
Daß man das Miststück noch erwischt –
Sie hab sich bloß nicht eingemischt.
Die Milchfrau allen Kunden kündet,
Wie lang schon ihr Verdacht begründet
Und freudig-laut rühmt sich der Bäcker
Als frühesten Betrugs-Entdecker.
Gewarnt hat auch die Krämrin immer
Vor dem verdruckten Frauenzimmer,
Das sich so frech verlegt aufs Stehlen. –
Kurzum, es jauchzen alle Seelen.
Der Mensch, der magdlos, voll Verdruß,
Nun selbst sein Sach besorgen muß,
Ahnt nichts von solchen Wissens Macht:
»Kein Mensch«, heißts, »hätte das gedacht!«

LAUTER BEKANNTE

Ein Mensch, bei einem Stehempfang,
Schwätzt herzlich, viertelstundenlang,
Mit einem zweiten, den er kennte,
Wenn der nur seinen Namen nennte.
Ein dritter heimlich ihn beschleicht:
»Verzeihn Sie, wissen *Sie* vielleicht?«
Der Mensch kennt dunkel nur den dritten;
Ein vierter, fünfter, sechster bitten,
Zu sagen ihm, mit wem er spricht.
Doch kennt der Mensch auch diese nicht.
Ein siebenter mischt ohne Zaudern
Sich mit in das vertraute Plaudern,
Ein achter gleichfalls nun so tut,
Als kennt' er all die Herren gut.
Ein neunter, der den Saal durchstreunt,
Begrüßt den Menschen: »Alter Freund!«
Dem zehnten flüstert zu der elfte,
Bekannt komm vor ihm kaum die Hälfte.
Nun ist ein Dutzend schon vereint,
In dem von jedem jeder meint,
Er könnt ihm, wer die andern wären,
Auf das genaueste erklären.
Doch, ohne daß sich wer entpuppe,
Zerstreut sich wiederum die Gruppe,
Sich neu zu ballen, neu zu trennen –
Und lauter Leute, die sich kennen!

FALSCHE VERBINDUNG

Ein Mensch, am Abend, gegen zehn,
Just im Begriff, ins Bett zu gehn,
Wird angerufen, und sofort,
Eh selbst er sagen kann ein Wort,
Mit Redeschwällen, weibgesüßt,
Als wer, der er nicht ist, begrüßt.
Der Mensch vernimmt, noch ganz benommen,
Er werde doch kein Kind bekommen, –
Geängstigt hab sie sich genug –
Und noch im gleichen Atemzug
Wird er gemahnt, mehr aufzupassen,
Mit Urschi sich nicht einzulassen,
Dem Edi nichts davon zu sagen,
Sich nicht so komisch zu betragen,
Wie bei dem blöden Ausflug neulich –
»Jaja, da warst Du ganz abscheulich!«
Und ob er wieder lieb sein wolle
Und wann sie morgen kommen solle.
Der Mensch, von solchem Schwall bedrängt,
Hat ohne Antwort eingehängt.
Doch hat ihm in der Nacht geträumt,
Er hab sein großes Glück versäumt.

EINLADUNGEN

Ein Mensch in Wurmesqual sich windet,
Weil er, wie seine Gattin findet,
Die Schnacks – welch widriger Entschluß! –
Zum Sonntagsbraten bitten *muß:*
»Du weißt, seit fast zwei Jahren schon...«
Wild geht der Mensch ans Telefon –
Doch horcht!, wie jäh die Stimm er modelt
Und hocherfreut Frau Schnack bejodelt.
Auch diese, innerlich entgeistert,
Die Schrecksekunde kunstvoll meistert:
Ganz reizend! Nur, um zuzusagen,
Müßt sie doch ihren Mann erst fragen.
Herr Schnack, nach wilden Wutergüssen,
Knurrt: Nichts zu machen, Frau, wir müssen.
Frau Schnack spricht also wieder fern:
»Natürlich – wirklich rasend gern!«
Zwei Paare schätzen nun die Posten
Der mit dem Scherz verbundnen Kosten:
Hier sinds das Essen und der Wein,
Doch auch die andern sind nicht klein:
Die Blumen, Taxi hin und her,
Trinkgeld, Friseuse und noch mehr –
Nur zu dem Zwecke, daß man lügt
Und der Gesellschaftspflicht genügt.
Doch man versichert sich beim Gehn:
»Man sollte sich viel öfter sehn!«

Zu wenig und zu viel ...

Ein Mensch, sonst feind dem Massenwahn,
Fährt eines Sonntags mit der Bahn.
Und sieh, es ist ein Mordsgeplärre
Und wüstes Drängen an der Sperre.
Der Mensch, zu stolz, sich zu beteiligen,
Wird weggestoßen von den Eiligen
Und obendrein noch roh bemängelt
Durch die Behauptung, daß er drängelt;
Just er, der fruchtlos Anstand predigt,
Wird selbst mit Rüpelei erledigt.
Der Mensch, in seiner Absicht löblich,
Erkennt, der Pöbel bleibt stets pöblich:
Der bisher Feine kommt in Zorn
Und knufft sich rücksichtslos nach vorn.
Vor Angst, nicht mitzukommen, blind,
Schont er jetzt weder Weib noch Kind,
Und rennt bei seinem Amoklaufen
Wild Greis und Säugling übern Haufen.
Er hat nun, was ihn selber schmerzt,
Sein Recht auf Vornehmheit verscherzt.
Ein Mensch sei – eine alte Regel –
Nicht unter Flegeln Oberflegel:
Er sei ein mäßiger Grobian,
Doch zielbewußt, von Anfang an!

DIE STUBENFLIEGE

Ein Mensch, von einem wilden Brummer
Gekitzelt aus dem Mittagsschlummer
Kriegt auf das Mistvieh eine Wut –
Doch er bedenkt – der Mensch ist gut! –
Daß dieses Tier an sich nicht schuldig:
Und darum fängt er es geduldig,
Wie frech's auch zwischen seiner Nase
Hintaumelt und dem Fensterglase.
Den unerwünschten Zimmergast
Läßt er ins Freie, zärtlich fast
Und ist von Herzen überzeugt,
Daß Gott, der doch die Welt beäugt,
Für gute Tat ihm dankbar sei. –
Doch sieh! Ein Vogel schwirrt vorbei
Und hascht, ganz selbstverständlich-roh,
Den Brummer, der so lebensfroh.
Der Mensch erkennt, daß gute Taten
Durch Gottes Ratschluß oft mißraten.

ZEITMANGEL

Ein Mensch hat, obzwar hilfsbereit,
Für seinen Nächsten nicht mehr Zeit.
Denn diese Zeit stiehlt ihm der Frechste –
Auch wenn er erst der Übernächste.

NACH JAHR UND TAG

Ein Mensch begegnet, nach Jahrzehnten,
Dem Weib, dem brünstig einst ersehnten
Und, angesichts der Fleischesmassen,
Kann er es einfach nicht mehr fassen,
Daß so die Knospe aufgeblüht,
Die einst beunruhigt sein Gemüt,
Doch sieh! Die damals, ach, so kühle,
Schwimmt, schwelgt und schwärmt im Hochgefühle
Von süßen, unvergeßnen Stunden –
Die seinerzeit nicht stattgefunden.

AUCH...

Ein Mensch hat, immer hilfsbereit,
Dem guten Freund in schlechter Zeit
Den Weg zu einem Herrn vermittelt,
Der einflußreich und hochbetitelt.
Der Freund, gefördert unermeßlich,
Zeigt undankbar sich und vergeßlich.
Er rühmt dem Menschen stolz und gern,
Wie gut er kenne jenen Herrn –
Nur sei's, das woll' er nicht verhehlen,
Sehr schwer, ihm andre zu empfehlen.
Da trifft ihn jäh Erinnerungshauch:
»Ach so«, sagt er, »den kennst Du auch!?«

Der Fehlschuss

Ein Mensch, beim Wein, wird stumm und stummer.
Der Freund bemerkt, der Mensch hat Kummer.
Bemüht, ihm diesen zu entlocken,
Bleibt still der Freund am Anstand hocken:
Das trauerträumrische Wehweh
Tritt aus dem Walde wie ein Reh.
Der Freund, der oft genug aufs Blatt
Mit scharfem Witz getroffen hat,
Schießt auf den scheuen Seelenschmerz
Und trifft ihn – aber nicht ins Herz.
Der Mensch – der Seelenschmerz – das Reh –
Wie sag ichs, daß man's recht versteh? –
Hat gramvoll, blutend sich gewendet
Und ist im Dickicht still verendet.

Mensch und Unmensch

Ein Mensch, der leicht zu kränken ist,
Wird rasch das Opfer roher List:
Ein Unmensch hats drauf angelegt,
Daß er des Menschen Zorn erregt,
Bis der, infolge schwacher Nerven,
Bereit ist, alles hinzuwerfen.
Der Unmensch brauchts nur aufzuheben,
Um ganz vergnügt davon zu leben.

UNVERHOFFTER ERFOLG

Ein Mensch, zum Wettlauf mitgestartet,
Hat Sieg und Ruhm sich kaum erwartet.
Was soll von sauerm Schweiß er triefen?
Genügt ihm doch ein »Ferner liefen...«
Schon hat er – und kanns selbst nicht fassen –
Die meisten hinter sich gelassen.
Nun strengt, am Ende fast der Bahn,
Verzweifelt er die Kräfte an:
Nur einer, aus dem Startgedränge,
Rennt ihm voraus, um Nasenlänge.
Vermutlich wär, noch als der letzt',
Der Mensch, der nichts auf sich gesetzt,
Gelassen blieben, neidlos-heiter:
Jetzt weint er schier – er ward nur Zweiter!

SELBSTLOSER RAT

Ein Mensch, ganz scheußlich abgehetzt,
Schwört, in den Urlaub fahr er jetzt –
Wozu auch jeder Kunde rät:
Vielleicht schon morgen seis zu spät.
Sofort – schließt jeder seine Predigt –
Wenn *meine* Sache Sie erledigt,
Dann müssen Sie, mags schlecht auch passen,
Entschlossen alles liegen lassen!

Schicksal

Ein Mensch, aus Angst, er könnt den Schrecken,
Den Drachen, aus dem Schlafe wecken,
Den Lebensatem schier verhält:
Auf Zehen schleicht er durch die Welt.
Nur einmal er daneben tappt:
Schon hat das Scheusal ihn geschnappt.
Ein Unmensch trampelt dreist und dumm
Dem Schicksal auf dem Bauch herum:
Das rührt sich höchstens, um den Rachen
Einmal zum Gähnen aufzumachen,
Schläft weiter, schon vom Menschen satt,
Dens grade aufgefressen hat.
Der Unmensch treibst noch Jahr um Jahr –
Ganz ohne Ahnung der Gefahr.

Vorsicht!

Ein Mensch, bei Nacht und Nebel hätte
Geraucht gern eine Zigarette –
Doch es gelingt ihm nicht – verdammt! –
Daß er das Zündholz recht entflammt.
Fort wirft ers und fängt an, zu fluchen:
»Der Teufel!« ruft er, »mags versuchen!«
Flugs zeigt der Teufel seine Kunst:
Den Wald verschlingt die Feuersbrunst.

AM TISCH DES LEBENS

Ein Mensch tät sich noch gerne gütlich,
Doch wirds am Tische ungemütlich:
Auf seinen Eßplatz wartet schon
Die nächste Generation,
Mit großem Löffel, spitzer Gabel,
Das Messer wetzend wie den Schnabel.
Der Mensch, der – was noch unvergessen! –
Manch zähes Zeug hineingefressen
Und der es oft schon satt gehabt,
Hätt zwar grad jetzt sich gern gelabt,
Wo es vorübergehend besser –
Doch schaut er sich die neuen Esser
Nicht ohne tiefe Rührung an:
Er sieht den holden Jugendwahn,
Der zu verspeisen sich getraut,
Was er, als Greis, nicht mehr verdaut.
Freiwillig rückt er sich ins Eck
Und trinkt sein letztes Schöpplein weg.
»Denn«, sagt er sich, bescheiden-klug:
»Viel oder wenig war – genug!
Auch diesen wird nicht ungemischt
Des Lebens Freude aufgetischt.
Geb Gott nicht allzu grobe Brocken –
Laß munter sie beisammenhocken,
Bis auf den Platz die nächsten kommen,
Den ich auch – zeitweis – eingenommen.
Gespeist – gezahlt: nun bin ich quitt
Und wünsche Guten Appetit!«

Inhaltsverzeichnis

Ein Mensch (1935)

Abenteuer und Eulenspiegeleien

Der Ofen	9
Hilflosigkeiten	10
Besorgungen	11
Der Gast	12
Die guten Bekannten	13
Richtig und falsch	14
Voreilige Grobheit	15
Verdorbener Abend	16
Falscher Verdacht	17
Übereilige Anschaffung	18
Immer höflich	18
Geduldsprobe	19
Gut gedrillt	20
Nutzlose Qual	21
Das Schnitzel	21
Vorsicht	22
Ein Ausweg	22
So ist das Leben	23
Traumbegegnung	24
Phantastereien	25
Ein Experiment	26
Der starke Kaffee	27
Unter Aufsicht	28
Der Pfründner	28
Schlüpfrige Dinge	29
Voreilig	29
Unglaubwürdige Geschichte	30
Billige Reise	31
Der Lebenskünstler	32
Verwickelte Geschichte	33
Das Sprungbrett	34
Beim Einschlafen	35
Sprichwörtliches	35
Die Torte	36
Man wird bescheiden	36

Literatur und Liebe

Verkannte Kunst	39
Kunst	39
Unerwünschter Besuch	40
Verhinderter Dichter	41
Entbehrliche Neuigkeiten	41
Hoffnungen	42
Bücher	43
Der Nichtskönner	44
Gutes Beispiel	45
Der Rezensent	45
Briefe, die ihn nicht erreichten ...	46
Arbeiter der Stirn	47
Der Kenner	48
Theaterbilletts	49
Gefahrvoller Ritt	50
Kleine Ursachen	51
Zirkusliebe	52
Waidmanns Heil	53

Gezeiten der Liebe	54	Der Schwarzseher	70
Hereinfall	55	Beherzigung	71
Bühne des Lebens	56	Rätselhafte Zuversicht	72
Für Architekten	56	Umwertung aller Werte	73
Für Juristen	56	Vorschnelle Gesundung	74
Verpfuschtes Abenteuer	57	Versagen der Heilkunst	75
Die Antwort	58	Freud-iges	76
Einsicht	58	Vergebliches Heldentum	77
Ungleicher Kampf	59	Der Maßlose	78
Ein Erlebnis	59	Es bleibt sich gleich	79
Der gekränkte Badegast	60	Eitler Wunsch	80
Fremde Welt	61	Einleuchtende Erklärung	81
Erfolgloser Liebhaber	62	Seelische Gesundheit	81
		Lebensgefühl	82
		Grenzfall	82
Leiden und Lernen		Das Mitleid	83
		Vorschlag	83
Um vierzig herum	65	Für Wankelmütige	84
Falsche Ernährung	66	Für Fortschrittler	84
Schadhafte Leitung	67	Für Moralisten	85
Rechtzeitige Einsicht	68	Kleiner Unterschied	86
Vergebliche Mühe	69	Lebenszweck	86

Mensch und Unmensch (1948)

Abenteuer und Alltäglichkeiten		Das Hilfsbuch	96
		Ordnung	97
		Immer ungelegen	98
Die Vergeßlichen	91	Die Postkarte	99
Ein Lebenslauf	92	Herstellt euch!	100
Der unverhoffte Geldbetrag	93	Vorsicht!	101
		Brotlose Künste	102
Halloh!	94	Einschränkung	102
Der Urlaub	95	Das Ferngespräch	103

Schlechter Trost	103	Tabaksorgen	128
Die Meister	104	Undank	128
Der Provinzler	105	Umstürze	128
So und so	106	Legendenbildung	129
Für Ungeübte	106	Leider	129
Der Heimweg	107	Wunderlich	129
Mäden Agan	107	Unverhoffter Erfolg	130
Einladungen	108	Wahrscheinlich	130
Der Weise	109	Verwandlung	131
Für Vorsichtige	110	Das Schwierige	131
Lebhafte Unterhaltung	111	Die Erbschaft	132
Pech	112	Zur Warnung	133
Der Besuch	113	Gerechtigkeit	134
Blumen	114	Wandel	135
Zu spät	115	Leider	135
Vergeblicher Eifer	116	Nachdenkliche	
Gescheiterte Sammlung	117	Geschichte	136
Zeitgenössische Entwicklung	118	Der Bumerang	136
		Zeitgemäß	137
Das Haus	119	Zu spät	137
Nächtliches Erlebnis	119	Der Feigling	137
Versäumter Augenblick	120	Kleine Geschichte	138
Der Brandstifter	120	Auf Umwegen	138

(Hoffentlich nur) Erinnerungen 1933–1948

Einsicht	123		
Überraschungen	123		
Geteiltes Leid	124		
Nur	125		
Gründliche Einsicht	125		
Weltgeschichte	126		
Die Liste	127		
Ewiges Gespräch	127		

Mensch und Unmensch

Der Schuft	141		
Immer dasselbe	142		
Verdienter Hereinfall	142		
Je nachdem	143		
Der Sitzplatz	144		
Verdächtigungen	145		
Ungleicher Maßstab	146		
Der leise Nachbar	147		
Der Tischnachbar	148		

Himmlische Entscheidung	149
Verhinderte Witzbolde	150
Windige Geschichte	151
Für Gußeiserne	151
Traurige Geschichte	152
Das Schlimmste	152
Gott lenkt	153
Irrtum	153
Urteil der Welt	154
Billiger Rat	154
Einfache Sache	155
Lauf der Zeit	155
Aussichten	156
Traurige Wahrheit	156
Das Böse	157
Ahnungslos	157
Baupläne	158
Ein Ehrenmann	159
Der Salto	159
Hinterher...	160
Saubere Brüder	160

Lehren des Lebens

Nur ein Vergleich	163
Wunsch und Begierde	164
Der vergessene Name	165
Der Verschwender	166
Allzu eifrig	166
Sage	167
Das Geheimnis	168
Der Pechvogel	168
Unterschied	169
Das Bessere	169
Der Tugendbold	170
Metaphysisches	171
Zweierlei	171
Musikalisches	171
Durch die Blume	172
Halbes Glück	172
Bange Frage	173
Der Unentschlossene	173
Das Messer	174
Lebenslügen	174
Bescheidenheit	175
Falsche Herausforderung	175
Fortschritte	176
Parabel	176
Ausnahme	176
Die Uhr	177
Unter Rat	177
Optische Täuschung	178
Unterschied	178
Die Verzögerungstaktik	179
Feingefühl	179
Auf der Goldwaage	179
Unerwünschte Belehrung	180
Zwecklos	180
Kleinigkeiten	181
Lauter Täuschungen	182
Zwischen den Zeiten	182
Rückstand	182
Die Tanten	183
Prüfungen	183
Weltlauf	184
Trauriger Fall	185
Versäumte Gelegenheiten	186

Das Wichtigste	187	Trugschluß	190
Das Gewissen	188	Empfindlicher Punkt	190
Märchen	189	Wandlung	191
Nur Sprüche	189	Das ists!	191
Seltsam genug	190	Vieldeutung	191

Der letzte Mensch (1964)

Scherz

		Der Fahrgast	212
		Die Abmachung	213
Der Hilfsbereite	195	Einsicht	214
Störung	196	Der Waldgänger	215
Der Fürsprech	197	Der Sparsame	216
Warnung	197	Zwischenträgereien	217
Immer falsch	198	Rückzug	218
Zweifel	198	Kettenreaktion	219
Wunderlicher Tag	199	Falsche Rechnung	220
Ein Gleichnis	200	Illustrierte	221
Der Pilz-Fachmann	201	Der Riese	222
Fehlentwicklung	202	Talent und Genie	222
Unfaßbar	202	Der Urgreis	223
Hoffnungslos	203	Entscheidungen	223
Verfehlte Begegnung	204	Gescheiterter Versuch	224
Lebensleiter	204	Leib und Seele	224
Börse des Lebens	205	Der Schütze	225
Vergebliche Einsicht	205	Trost	225
Selbstquälerei	206	Lob des Kaffees	226
Technik	207	Vergebliche Freiheit	226
Vorsicht	207	Erfreulicher Irrtum	227
Der Termin	208	Trauriger Fall	227
Feststellung	208	Beinahe	228
Briefwechsel	209	Ausgerechnet ...	228
So gehts	210	Demnächst	229
Der Unmusikalische	211	Kontaktlos	229

Lebenskunst	230
Fragen	230
Vergebliche Bemühung	230

Satire

Unterschied	231
Mitmenschen	232
Der Fachmann	232
Ermüdung	233
Wohlstand	234
Tempora mutantur	235
König Kunde	236
Freiheit	236
Kunst	237
Die Spanne	238
Der Heimtücker	239
Späte Einsicht	239
Menschen-Ruhm	240
Hoffnung	240
Unglücksfälle	241
Der Mißgelaunte	241
Wandlung	242
Falsche Erziehung	242
Manager	243
O Tempora	243
Frau Welt	244
Zeit heilt ...	244
Abdankung	245
Der Freigeist	245
Juristisches	246
Krokodilstränen	246
Stadt-Einsamkeit	247
Absage	247
Einbildung	248

Ars amandi	248
Begräbnis	249
Unerwünschte Begegnung	250
Entomologisches	250
Entwicklung	251
Wissen ist Macht	251
Sensation	252
Überlegung	252
Falsche Rechnung	253
Zwischen den Zeiten	253
Das Böse	254
Denker	254
Entwicklung	255
Immer ...	255
Das Opfer	256
Der Weltflüchtige	256
Vergeblicher Wunsch	257
Der Mahner	257
Enttäuschung	257
Variationen	258
Zu spät	258
Wachet und betet!	258
Ruhige Zeiten	259
Der Geschäftige	259
Der Kreisel	259
Am Strom der Zeit	260
Nachsicht	260

Ironie

Voreiliges Mitleid	261
Öffentliche Meinung	262
Erlebnis	263
Der Zufriedene	264

Überschätzung	264
Unerfreuliche Zeitgenossen	264
Verkehrte Welt	267
Lob und Tadel	267
Unterschied	267
Ein Beispiel	268
Zivilcourage	268
Der Zauderer	269
Empfindlich	269
Der Harmlose	270
Test-Sucht	270
Verhinderter Wohltäter	271
Das Netz	271
Vergebliche Jagd	272
Partys	273
Gegenseitig	273
Ohne Glück	274
Unterschied	274
Der unerwünschte Bundesgenosse	275
Umgekehrt	275
Sport	276
Lieblos	276
Freundschaften	277
Überforderung	277
Unbildung	278
Aufpassen!	278
Das Wiedersehen	279
Alter Trick	279
So kommts	280
Wer weiß?	265
Je nachdem	265
Zweierlei	265
Dichterlos	266
Gewissenserforschung	266
Philosophischer Disput	266
Grenzfall	280
Große Erwartungen	281
Für Edelmütige	281
Die Prüfung	282
Der Erfolgreiche	282
Die Unvergeßlichen	283
Bestimmung	283
Entwicklungen	284
Befürchtung	284
Der Kunstfreund	285
Reue	285
Ungeduld	286
Die lieben Nachbarn	287
Lauter Bekannte	288
Falsche Verbindung	289
Einladungen	290
Zu wenig und zu viel ...	291
Die Stubenfliege	292
Zeitmangel	292
Nach Jahr und Tag	293
Auch ...	293
Der Fehlschuß	294
Mensch und Unmensch	294
Unverhoffter Erfolg	295
Selbstloser Rat	295
Schicksal	296
Vorsicht!	296
Am Tisch des Lebens	297